MAX BROD

Beinahe ein Vorzugsschüler

Von diesem Autor ist bereits erschienen:

CORSO-Taschenbuch 15 017
DER SOMMER, DEN MAN ZURÜCKWÜNSCHT

Max Brod

BEINAHE EIN VORZUGSSCHÜLER

Roman

BASTEI
LÜBBE

Lizenzausgabe: Bastei-Verlag Gustav H. Lübbe,
Bergisch Gladbach
Printed in Western Germany 1975
Einbandgestaltung: Baader-Bohde, Köln
Gesamtherstellung: Ebner, Ulm
ISBN 3-404-00219-9

Der Preis dieses Bandes versteht sich einschließlich
der gesetzlichen Mehrwertsteuer.

Es ist ein in jeder Hinsicht ungewöhnlicher Tag. Nicht nur wegen der Schüsse, die knallten, als wir vormittags auf der sonnigen Terrasse saßen, die verehrte Freundin und ich. Die Schüsse – nun, ich werde von ihnen noch zu erzählen haben. Zunächst das Leise, weniger Auffallende! Es ist seltsam genug ... Dieses Seltsame ließe sich etwa folgendermaßen festhalten:

Seit vielen Jahren lebe ich in Tel-Aviv; aber es ist mir nie aufgefallen, daß es auch hier Nebelwetter gibt. Erst heute. Vielleicht hat es auch wirklich all die Jahre keinen Nebel gegeben. Dieser Naturerscheinung war ich jedenfalls völlig entwöhnt – in Prag war sie mir natürlich lieb und vertraut gewesen. Hier jedoch, in der weißen Stadt an der blauen See, unter dem fast immer strahlenden Himmel, der sich nur im Winter durch stürzende Regenmassen trübt, hatte ich wirklich schon ganz vergessen, daß so etwas wie Nebel existiert. Ich erkannte den alten Freund nicht wieder. – Es ist ein kalter Wintertag, nicht eben sehr kalt für europäische Nerven; aber hier, auch der Kälte entwöhnt, klappre ich ganz gehörig. Das ist ja nun nichts Besonderes; während zweier oder dreier Monate im Jahr, vielleicht länger, vom November bis zum Anfang März, kann man immer wieder in der Kette paradiesischer Rivieratage diesen viele Stunden lang andauernden Episoden von Regengüssen begegnen, die man hier »Winter« nennt und zu denen oft, ganz unschicklicherweise, ein wildes Gewitter mit Donner und Blitz den Marsch bläst. Seltsam kalte Gewitter, kaltleidenschaftliche, krampfartige Orkane. Es sind die Regen, um die uns das regenlose Ägypten, Afrika und die arabische Wüste beneiden – die Regen, um die man seit Jahrtausenden regelmäßig Gebete spricht und auf denen unsere ganze Landwirtschaft beruht.

Winterwetter. Ich hatte mich, wie alljährlich so auch heuer, längst an sein tageweises Kommen und Verschwinden gewöhnt. Aber heute ist es anders. Kälte ohne Regen. Und ohne Sonne, die noch am Vormittag unsere Terrasse wärmte und erleuchtete. Alles so trübe. Wenn man eine der vielen Baumgruppen zwischen den villenähnlichen Häusern betrachtet (die meisten Bäume verlieren hier auch im Winter nicht ihr Laub, manche erst ganz am Ende des Winters, von vielen Stürmen zerzaust), dann erscheint einem heute das Grün der Wipfel so grau, erloschen und abgeschabt. Zwanzig Schritte von mir wird alles ganz undeutlich dunstig, die Häuser wie die Bäume wesenlos, so als ob dort Regensträhnen niedergingen. Und doch regnet es nicht. Jetzt erst fällt mir ein: das eben ist Nebel. Ganz einfach: So und nicht anders sieht Nebel aus, die milde und doch einschüchternde Verschleierung, an die ich mich all die Jahre hindurch nicht einmal im Traume erinnert habe.

Wie man doch vergißt! Was ist das für ein traumhaft vorbeigehendes Leben, in dem ich sogar die Tatsache, daß es so etwas wie Nebel gibt, gänzlich vergessen konnte.

Das erschreckt mich fast ebensosehr, wie mich heute vormittag die ganz in der Nähe aufknallenden Schüsse erschreckt haben. Sie kommen aus Jaffa, und zwar meist von der Galerie der Hassan-Bek-Moschee. Die Araber schießen auf uns. Seit uns vor einem Monat die versammelten Völker das selbstverständliche Recht auf einen eigenen freien Staat bestätigt haben, schießen unsere Nachbarn auf uns. Und dann war ja am Vormittag auch dieses blutiggeschossene, verletzte oder getötete Schulkind.

Ich bleibe nun im Nebel, im traumhaft dichten Nebel, eine Weile stehen. Es ist mein Traumhaus, vor dem ich stehenbleibe. Immer habe ich es so genannt, auch ohne den Nebel, der sich jetzt freilich auf ganz besonders innige Weise mit den drei oder vier Gebäuden vereinigt, die ich »mein Traumhaus« nenne. Für mich bilden sie eine Einheit, gehören zusammen, obwohl sie vermutlich den Besitzverhältnissen nach gar nichts miteinander zu tun haben. Eine häßliche Gruppe, genaugenommen. Aber zwei der Häuser, die mir wichtigsten, zu denen ich je nach Stimmung manchmal dieses oder jenes Nachbarhaus hinzuziehe – zwei der Häuser sind alt. Alte Häuser: eine Seltenheit in dem jungen Tel-Aviv. Die ganze große Stadt, ursprünglich ein Vorort von Jaffa, heute drei- oder viermal so groß wie Jaffa, besteht ja erst knapp vierzig Jahre lang.

In Prag liebte ich alte Häuser, liebte vor allem die Stadtteile, die, wie die Kleinseite, ganz aus alten Häusern, seit Jahrhunderten unveränderten Straßenzügen bestehen; wie alle Prager, zumindest die meiner Generation, war ich von der Kunst, der Bauart, der Geschichte dieser Häuser glühend entzückt. Ich habe nie daran gedacht und hätte es mir, wenn es mir je eingefallen wäre, nicht vorstellen können, daß ich je aus dem traulich verschnörkelten und verwohnten Umkreis, aus der Mitte dieser auf eine ernste Weise reizvollen Vasallensitze und Paläste herausgerissen werden könnte –, bis mich dann die Ereignisse eines anderen, fast möchte ich sagen: eines Besseren belehrt haben. Denn jetzt bin ich unzweideutigerweise Bürger von Tel-Aviv. Doch seht einmal diese zwei alten Häuser: Sie haben unbedingt etwas sehr Anziehendes für mich. Trotz ihrer Kunstlosigkeit, ja eigentlich Unschönheit und primitiven Ungeschicklichkeit, erinnern sie mich irgendwie ganz fern und still an Prag. Sie sind, wie gesagt, nicht einmal richtig alt zu nennen; abgenützt, verschlissen, verrottet – das wären richtige Ausdrücke für ihr Aussehen. Wie es auch sei: sie heimeln mich an, sie üben, sooft ich vorbeigehe, einen eigentümlichen Zauber auf mich aus.

Traumhäuser ihr! Da ist überdies etwas dabei, was noch tiefer greift, bis in die früheste Kindheit zurück. Das Zusammengehuschelte oder, wie ich es sonst nennen soll – das Gefühl des Geborgenseins, der vollkommenen Ruhe und Sicherheit. Das geht mir mein Leben lang nach, von den frühesten Tagen an. Vielmehr die Sehnsucht nach diesem Gefühl – das Gefühl selbst hat seine besonderen Bedingungen, unter denen es, selten genug, mehr oder minder deutlich hervortritt und sich meiner bemächtigt. Und das ist dann immer ein ganz großes Glück. Ich kann es bestimmt nicht richtig beschreiben – und von den Bedingungen habe ich überhaupt keine Ahnung, unter denen dieses eigenartige Glück sich bemerkbar macht. Ich könnte nur folgendes sagen – laßt sehen, ob es mir gelingt: Da war ein Bild in einem der vielen Bände von »Schlossers Illustrierter Weltgeschichte«, die ich als Kind so gern durchstöberte, ohne sie richtig zu lesen – nur so, wie man schöne Bilder eines Märchenbuches betrachtet. Und dabei bleibt der Blick an einigen Textzeilen hängen, an einem ganzen Kapitel manchesmal. Das liest man dann immer wieder. Das Bild nun, um das es sich handelt, hieß etwa (mit diesen oder ähnlichen Worten): »Wachtposten in Erwartung normannischer Seeräuber.« Man war innerhalb einer Festung, an einem Turm, sah den gewundenen Weg längs einer inneren Festungsmauer aus derben Steinen, mit Luken, Zinnen, Schießscharten. Zwischen dieser Mauer und dem starken Turm bewegten sich Männer mit Helmen, Lanzen, Schildern – einige ganz unbesorgt, andere lugten aufs nächtliche Meer hinaus, in dessen fernster Ferne, im Dunkel des Hintergrunds, zwei undeutliche, fast nur geahnte Umrisse der feindlichen Schiffe auftauchten. Man wird den Angriff zurückschlagen, die Landung verhindern. Diese Männer auf dem Bild verbürgten es mir; ihre nahezu teilnahmslosen Gesichter – erhellten sie sich, so waren es freundliche Gesichter kräftiger, selbstgewisser Leute. Einige lehnten an der Mauer, unterhielten sich. Wie gemütlich! Ich hätte unter ihnen sein mögen. Die Gefahr vor Augen – und dabei unbesorgt, im Schutze der mächtigen Festung. Eine Gefahr muß also dabei ins Feld rükken, um dieses seltsame Glücksgefühl in mir hervorzurufen, eine Gefahr auf Leben und Tod – und gleichzeitig das Bewußtsein, behütet zu sein, in der Gesellschaft von Tapferen, auch selbst zum Kampf bereit und froh. Es wird mir ganz warm und doch gruselig dabei. Das Schicksal herauszufordern – und dabei geschützt sein. So geschützt, daß man beinahe unauffindbar versteckt ist, daß man sich hinter hundert Vorhänge und Schutzwälle zurückziehen kann. Ein ungleicher Kampf, bei dem nicht ich, bei dem das Schicksal verliert. Vielleicht liegt auch ein leichter Anflug von Lasterhaftigkeit in dieser Vorstellung, ich weiß es nicht – oder doch zumindest von Verspieltheit.

Ein anderes Bild fällt mir ein, die Festung des Ritters von Sickingen in einem anderen Buch, ein alter, schöner, treuherziger Holzschnitt. Er konnte noch neulich denselben Eindruck in mir hervorbringen wie jene gewiß geschmacklose Zeichnung der Küstenwache. Sickingen. Unten das freilich ungeschützte Dorf mit Bach und Wiesen – aber die Türme und Mauern auf halber Höhe des Berges. Wenn der Feind die erobert hat, kommt er nach langem Klimmen über Hindernisse weg erst an die eigentliche Festungsmauer, die starrend die ganze Anlage umgibt. Und mitten in dieser Burg erst wieder die eigentliche, aus vielen schräg und verwinkelt zueinander gestellten Gebäuden bestehende Zitadelle. In einem Hause wohnen, das sich an die meterdicke alte Mauer dieser Burgzitadelle innen anlehnt – welch ein süßer Gedanke! Warum fällt mir nur immer das dumme Wort »behaglich« bei dieser doch eigentlich kriegerischen Phantasie ein? Noch ein drittes Beispiel: Nordpolforscher in ihrem windfesten Blockhaus. Draußen rast der Eissturm. Weiße Bären, berstende Gletscherschollen sieht man durch die Fenster. Aber hier innen ist trauliches Licht. Man überwintert bei guten Öfen und vielen Vorräten von Schiffszwieback und geräuchertem Fleisch, bei Büchern, Schachspiel und vortrefflichen Tabakspfeifen. Der Rauch beizt ein wenig die Augen. Sonst aber – es kann keinen friedlicheren Ort geben. Nie wird der kalte Wind hier eindringen, so sehr er sich auch müht. Oft, wenn ich nicht einschlafen kann, stelle ich mir diese stämmige Hütte vor, die sich möglicherweise aus einer Jugenderzählung her schreibt, von frühen Jahren her – »Kapitän Hatteras« hieß wohl der Roman von Jules Verne –, ich sehe mich mit zwei oder drei Kameraden in der warmen Stube, in der langen Nacht des Polareises. Und ich fühle mich so wohlig hier, so fern aller Sorgen, daß ich gewiß einschlafe, wenn es mir nur gelingt, mir die ganze Szene recht deutlich zu machen; zum Überfluß ziehe ich um unsere warme Stube noch einen ganzen Ring von anderen Zimmern. Sie sind jetzt unbewohnt, nur im Sommer benützt man sie. Auch hier stark geheizte, rotglühende Öfen. Aber in diesen Außenzimmern kämpft die Wärme schon mit der arktischen Kälte. Hier und da bricht ein Windstoß mit Staub und Schneenadeln durch die Ritzen in der Tür, in den Fensterrahmen. In diesen Außenzimmern ist es unwirtlich. Vielleicht würde man erfrieren, wenn man sich in sie hinauswagte. Aber sie dienen ja nur dazu, die Macht des Sturmes zu brechen. Und uns im Kern, im innersten Zimmer, kann nichts geschehen. Was hindert mich überdies, rund um die Zimmergalerie einen noch weiter vorgeschobenen Kranz von bollwerkartigen Sälen und Durchgängen anzulegen! Ach, welch schöner Traum – und da gibt es noch viele Einzelheiten, die ich nicht anführe. Man würde mich sonst für verrückt halten.

Was aber haben die zwei alten Häuser an einer Tel-Aviver Straßenecke mit all dem zu tun? Oh, sehr viel. Mein lieber Traumhaus-Bezirk sind sie ja. Oft denke ich, namentlich wenn ich abends an ihnen vorbeigehe und da und dort ein Fenster beleuchtet sehe: hier möchte ich wohnen, hier wäre es gut zu verweilen, wohl aufgehoben und geschützt. Natürlich nur im Traum. In Wirklichkeit wäre es wahrscheinlich sehr unbequem, unkomfortabel, hier im Hause zu sein. (Wer weiß – vielleicht auch nicht so arg.) Bei Tag zwar sehen diese Häuser sehr nüchtern aus. Von ihrer

Schäbigkeit kann man sich schwerlich einen genügend armseligen Begriff machen. Das eine vorn, ganz niedrig, nur einige Parterrezimmer enthaltend, ist mit einer abscheulich grünen, halb verwaschenen Farbe gestrichen. Es hat überhaupt keine Architektur, kein Gesicht. Drei Säulen, ein Architrav sind vielleicht eine Reminiszenz an das Gouvernementalgebäude in einer weltfernen russischen Provinzstadt, wie es sich im Kopf des ungeschulten, einfachen Menschen spiegelt, der das kleine scheußliche Ungetüm erbaut hat. Er wollte das Großartige nachahmen, was er kannte, und dies das Ergebnis. Es gibt in Tel-Aviv, in den Gassen, die in heroischer Zeit die ersten Dünen hier eroberten und bepflanzten, einige solche eigentlich rührend komischen Nachbildungen von Jugenderinnerungen – rührend, da man ihnen das Kindliche und Steinbaukastenmäßige anmerkt, das sie auch gar nicht verbergen wollen. Was insbesondere mein Traumhaus anlangt: über der mangelhaften Außenseite wollen wir das vielleicht unbegreiflich schöne Innere der blitzsauberen Stuben nicht vergessen. Ich kenne sie nicht. Da gibt es vielleicht schöne alte Möbel mit dunkelrotbraun glänzender Politur und Nickelbeschlägen. Möglich ... Ach, warum lädt mich nie jemand ein, diese geheimnisvollen Behausungen zu betreten? Desto öfter träume ich mich in sie hinein. In den dichten Garten auch, auf die Treppe, die offen längs der Hauswand wie in Bibelzeiten auf das flache Dach führt, von da vermutlich wieder in den inneren Hof, den man aber von der Gasse aus nicht sehen kann. Dichtes Buschwerk ist längs des Gitters angehäuft, Sträucher mit Efeu und lila Bougainvillerosen. Viele Bäume gibt es auch rund um das Haus – an manchen Stellen verbergen sie es völlig –, langbüschlige Kiefern in ihrer Mittelmeer-Abart, dann Fikus, einige dickblättrige Magnolien, auch eine stolze hohe Palme, deren tieferes, vertrocknetes Blattwerk man nicht antastet, so daß es unterhalb der lebenden Wedel des Gipfels wie ein langer, majestätischer Greisenbart den Stamm verhüllt. Dies ist das natürliche Kleid und anständige Bild einer Palme, nicht die glatten hohen Stämme der Luxusbäume auf den Promenaden von Nizza. Nachts funkelt und flirrt es in den Zweigen des kleinen Gartens, vom Licht eines schmalen Fensters her. Und das kleine Haus ist von einem etwas stattlicheren zweistöckigen Bau überhöht, der in den engen Hof hinabsieht. Hier möchte ich sein, in diesem nach allen Seiten verschanzten traulichen Lebenswinkel. Nicht eigentlich in dem sauber gepflasterten Hof selbst, sondern an einem Fenster, das still den Hof als Aussicht vor sich hat, sei es vom kleineren der beiden Häuser her oder aus dem ersten Stock des größeren. Wonne überläuft mich beim Ausmalen dieses Bildes. Wer mag hier wohnen, welcher Glückspilz? Ich muß übrigens noch erwähnen, daß der Hof zwischen den zwei Häusern vielleicht nur der perspektivischen Ansicht zu danken ist, daß er möglicherweise gar nicht existiert. Jedenfalls (und damit schließe ich) steht noch ein weit höheres Haus links hinten und eines ganz vorn. Beide stärken den Eindruck der Geschütztheit dieses Ortes. Doch an sich sind sie nicht weiter bemerkenswert, zwei gewöhnliche moderne Betonhäuser, wie man sie in Tel-Aviv zu vielen Hunderten aus der Form gießt, elegante kreideweiße Kolosse, sanatoriumhaft, mit vielen regelmäßigen langen Balkonen, die wie Schachteln oder Kassetten in die Straße vorragen, sachgerecht und etwas peinlich.

Doch ich muß sagen, daß, zumindest am Abend, auch diese beiden gewöhnlichen Häuser ihrem Zweck als Abschirmungen gegen alle Unrast der Welt, als Schutzwände meines Traumbezirks, rechtschaffen nachzukommen pflegen.

So stehe ich, vom Nebel umgeben, der im Seewind salzig schmeckt. Ferne auf der Reede brummt der lange Hornton eines abgehenden Schiffes.

Ich weiß wohl, was mich heute hierher getrieben hat. Auch sonst gehe ich gern hier vorbei, manchmal mit Absicht. Heute aber bin ich der Ruhe doppelt bedürftig, des Eingeschmiegtseins in einen wenigstens der Vorstellung nach bergend intimen Innenhof. Der heutige Vormittag ist schuld an meiner Aufgewühltheit. Er fing so schön an – und nahm dann eine trostlose Wendung. Bisher hatten wir uns ja recht gut gehalten, die verehrte Freundin und ich. Es ist jetzt immerhin einigermaßen aufreibend, durch die Straßen unserer Stadt zu gehen – plötzlich knallt es, um halb zehn vormittags oder bei Einbruch der Dunkelheit oder mitten in der Nacht. Man merkt an dem geschäftigen Leben, das wie immer vorbeizieht, nicht das geringste. Die Büros und die Werkstätten arbeiten, die Läden und Cafés sind überfüllt, aus den Kinos strömen Menschenmassen, an der Theaterkasse steht man Schlange. Aber dann liest man in der Zeitung (oder erfährt es von Bekannten): da und dort hat es eingeschlagen, in ganz fernen Gassen, einen hat's im Friseurladen getroffen, zwei Frauen auf dem Markt beim Einholen. Sieben Verletzte an einem Tag. Dann wieder tagelang nichts, es wird überhaupt nicht geschossen. Plötzlich unversehens klack-klack, stundenlang – aber ins Leere. Keine Verluste in Tel-Aviv. Und eines Tages bei den gleichen Schüssen doch wieder Rettungswagen, Todesanzeigen an den Litfaßsäulen. Das Unberechenbare, Unvorhersehbare, eigentlich Unverständliche an all dem ist es, was die Nerven annagt. Dabei ist die Gefahr, der wir hier standhalten, ganz gering, verglichen mit den Zuständen in Jerusalem, Haifa oder in unseren heldenmütigen Kollektivdörfern, den Kibbuzim. Dennoch ist das ganze Leben in der einst so friedlichen Stadt doch nur unheimlich geworden. Wohl liest man mit voller Zustimmung den Aufruf unserer umsichtigen Verteidigungstruppe, der Hagana, der an allen Ecken klebt: »Der entscheidende Kampf hat begonnen! Jetzt keine Panik! Wenn du schießen hörst, sprich nicht den nächsten an und frage ihn nicht: Haben Sie gehört? Haben Sie gehört? Wisse vielmehr: Jemand ist da, der das Feuer erwidert, jemand ist da, der auf der Wacht steht.«

Das ist klug stilisiert, sagen wir einander; es ist sogar ausgezeichnet. Jedes Wort stimmt. Wir haben auch wirklich keine Angst. Dennoch versprechen wir uns etwas davon, nach so angespannten, erregten Wochen verdientermaßen eine oder zwei Stunden auf der Seeterrasse des Hotels Käthe Dan zu sitzen, auszuruhen von all dem allzu Grellen und in den Worten eines großen Dichters etwas wie Entrückung oder doch, da die Zeit Entrückung nicht erlaubt, zumindest einige Stärkung zu suchen. Nun, wir haben das rüstig in Angriff genommen. Drüben in der Ferne Jaffa – schöne alte Stadt, seit unvordenklichen Zeiten die »Schöne« genannt –, das sonnige Meer, das große braune Zollhaus oder was es sonst für ein Staatsgebäude sein mag, das sich an den Felsen lehnt. Dieser Felsen hat seine Geschichte. Hier wartete Andromeda wehklagend an den Seedrachen, an die Steine geschmiedet. Und der Retter Perseus erschien. Hier hat ein anderes Seeungeheuer einen Propheten verschluckt. Hier trugen die Kreuzfahrer Mord ins Land. »Diu werlt ist allenthalben ungenâden vol«, wie ein alter Dichter sagt. Die schöne Welt. Und der, den wir zu lesen beginnen, singt indem er sich von allen »Ungnaden« gewaltsam losreißt:

Nord und West und Süd zersplittern,
Throne bersten, Reiche zittern,
Flüchte du, im reinen Osten
Patriarchenluft zu kosten.

Das paßt ja vortrefflich. Im Osten sind wir, von Patriarchen- und Prophetenluft umgeben. Wir merken es wieder einmal und atmen auf. Aber nicht für lange. Kugeln knallen – und sie klingen verdächtig nahe: so nahe, als ob sie neben uns aufschlügen.

Nun ist auch das an sich nichts Ungewohntes. In der besonders klaren, dünnen Luft unseres Landes klingen alle Geräusche unwahrscheinlich stark. Ehe man sich an diesen Umstand gewöhnt hat, vergeht eine geraume Zeit. Alle wissen das. Dennoch entsteht eine Unruhe auf der von zartem Vormittagslicht bestrahlten Hotelterrasse. Einige Gäste (es sind nicht viele da) zahlen, brechen auf. Ich wehre mich dagegen, eine ganze Weile lang. Der Herr gefällt mir, der dort vorn am Geländer strandwärts sitzt, Schriftstücke studierend, und an seinem goldbraunen Aperitif nippt. Doch nun nähert sich der Kellner, drängt uns zum Aufbruch. »Was ist denn geschehen?« Auf der andern Seite des Hotels, auf den Stiegen gegen die Gasse hin, hat ein

Schuljunge einen Schuß bekommen. Das Kind wollte gerade aus dem Gymnasium quer gegenüber nach Hause gehen. »Man hat es schon weggebracht. Sie können auf den Treppen noch das Blut sehen.« An Patriarchenluft ist wenig mehr zu denken. Die Stimmung hat man uns gründlich zerblasen. Eine Weile sitzen wir noch stumm im Restaurationsraum. Hören den Auskünften zu, die der Kellner den verschüchterten Gästen erteilt. Das Schießen hat aufgehört. Milde Sonne, ein Frühlingstag mitten im Winter. Wie wir das Gebäude verlassen, sehen wir zwar kein Blut mehr. Aber eine große verdächtige Wasserfläche deckt die drei niedrigen Stufen vor dem Hotel. Man hat soeben, vor wenigen Minuten, tüchtig sauber gemacht. In der Hayarkonstraße flüsternde Menschen. Man bekommt den Eindruck: alle sprechen davon. Aber man hört kein lautes Wort.

Dann fiel der Nebel ein, am Nachmittag.

Und wieder eine Stunde Schießübung gegen den Mauernwald unseres Tel-Aviv. Seltsam – es waren vor einem Monat, als es begann, die ersten Gewehrschüsse, die ich überhaupt gehört habe. Merkwürdig genug – für einen Zeitgenossen zweier Weltkriege. Aber so ist es. Diese Lücke in meiner Bildung wird jetzt ausgefüllt. Nicht etwa, daß ich all die Zeit über das Leben eines Epikureers geführt hätte. Der Graus war mir auch als einem Nichtkombattanten nahe genug am Leib. Nur gerade in Gestalt von Gewehrschüssen nicht. Bombenexplosionen aller Art und etwa fünfzig Luftalarme hatte ich mitgemacht, viele Nachtstunden im Unterstand während der Bombenangriffe auf Tel-Aviv verbracht, im Unterstand, der, wie einer der Leidensgenossen bemerkte, nur »psychologischen Luftschutz« bot; denn den sogenannten Unterstand bildete das Vorzimmer in der ebenerdigen Wohnung unseres sparsamen Hauswirts, das durch zwei neue dünne Holzstreben an der Wand Festigkeit vortäuschen sollte. Kellerräume gibt es ja in den auf Sanddünen wie auf Teller flach aufgesetzten Tel-Aviver Häusern fast nirgends. Nun also wurde seit einem Monat meine Erfahrung um den Klang von Gewehrschüssen vermehrt, der mich bis dahin noch nicht heimgesucht hatte.

Beim ersten Hören fand ich diesen Klang abscheulicher- und unerlaubterweise sogar eigenartig schön. Ein hohes metallisches Anschlagen oder Platzen, als ob man eine Art von starker metallischer Trommel nicht etwa rühre, sondern direkt aufknacke. Man hörte öfters auch Maschinengewehrfeuer in der Ferne; aber das ist weniger interessant, ähnelt dem Geräusch einer Ratsche, die es im Orchester ja schon ohnehin gibt. Gewehrschüsse indes . . . nun, niemand braucht mir zu sagen, daß Gedanken solcher Art einfach frivol sind. Ich wußte es sofort, als sie mir kamen. Aber sie waren nun einmal da, mit ihnen die besondere, wahrscheinlich teuflische Ohrenlust – Gedanken lassen sich nicht verhindern. Es reizte mich, auf diesem Wege sogar noch ein wenig weiter zu gehen und flüchtig festzustellen, wie seltsam es sei, daß also Zerstörendes (wie diese Gewehrschüsse) schön und stolz klinge, während sich Säuglingsgeschrei etwa, das doch eigentlich neues Leben bedeutet, so häßlich und armselig anhöre. Sollte man hieraus nicht schließen können, daß wir wirklich in einer ganz vertrackten und verhexten Welt leben? Ich ging dem nicht nach, und die teuflische Ohrenlust hörte ja auch sehr rasch auf, eine Lust zu sein, als ich von den armen Opfern Kunde bekam, von Verwundeten und Toten in unseren Gassen. Eine Kugel dringt durch die Wand, tötet ein schlafendes vierjähriges Kind ... Ich hatte nur nicht die Kraft gehabt, mir das gleich von Anfang an richtig vorzustellen. Unsere Phantasie ist ein schwer ansprechendes Instrument. Ja, oft will es mir scheinen, als sei das Grundübel alles menschlichen Seins die Phantasielosigkeit. Wir beschäftigen uns zu wenig mit den Mitmenschen. Wir denken auf eine geradezu groteske Art an nichts als uns selbst. Daß auch der andere von Fleisch und Blut ist, leidet, hofft: wir wissen es, aber wir sehen es nicht klar genug vor Augen. Das ist etwas anderes, etwas Ärgeres als Egoismus – ohne Egoismus könnten wir ja nicht eine Sekunde leben. Dieser Egozentrismus aber, der den Nächsten überhaupt nicht sieht: er ist das Böse in der Welt schlechthin. Man könnte manches dagegen sagen, könnte finden, daß ich übertreibe, daß doch im Egoismus der böse Trieb nackt und kraß hervortrete, während der Egozentrismus ein bloßes Ornament sei, ein mißglücktes Ornament überdies, eine Lächerlichkeit, und eher in die Klasse der gesellschaftlichen Unarten und Ungezogenheiten als in die der Verbrechen eingerechnet zu werden verdiente. Darauf würde ich antworten, daß ich diese Charakteristik zwar ohne weiteres zugebe, nichtsdestoweniger aber den Egozentrismus für das schlimmere Übel halte und für das, was uns, die schöne Erde, zugrunde richtet, die Einzelnen wie die Staaten, die Völker. Eben weil der egozentrische Übergriff ein Ornament, also überflüssig ist, ein Überschreiten der Grenzen, in denen der vernünftige Egoismus sich einzuschränken weiß. Daher verhält sich der Egozentrismus zum Egoismus wie die Freßlust zum Hunger. Hunger nimmt nur das Notwendige. Die

Freßlust schlingt ohne Maß alles, was sie findet, und errichtet lieber, wie die Römer neben ihren Speisesälen Vomitorien, spezielle Klosette, in denen sie sich erbricht, als daß sie dem hungernden Nächsten etwas gönnte. Nun, das sind so die Gedanken, die einen verdüstern, wenn die arabischen Scharfschützen vom Minarett der Hassan-Bek-Moschee her angreifen. In der Verlängerung unserer lebhaften Hayarkonstraße steht dieser schlanke, schöne Turm mit seinem Rundgang oben. Oft hatte ich die graue Silhouette mit Liebe betrachtet, war auch gern bis zum Turm hinspaziert, solange es noch nicht lebensgefährlich war, das zauberhafte Jaffa nebenan zu betreten. Vielleicht war es ein großer Heiliger, Hassan-Bek, vielleicht auch nur ein Satrap dieser türkischen Provinz. Ich weiß es nicht. Weiß nur, daß von der Galerie, die sonst den Ruf des Muezzins »Allah ist Allah« aussendet, jetzt die Kugeln kommen – so lange, bis der Feind von unserer Hagana heruntergeholt wird, was sie bisher, da es sich ja um ein heiliges Gebäude handelt, nicht getan hat. Dies alles ist sehr traurig. Schade, daß die Menschheit noch nicht so weit ist, Staaten auf weniger grausame Art entstehen zu lassen – auch solche nicht, in denen ein überall gequältes Volk endlich Ruhe finden will, eine Zuflucht, die ihm doch von allen Guten zugebilligt werden müßte. Aber gerade da beginnt eben die Phantasielosigkeit ihren Tanz.

Seufzen hilft nichts. Man seufzt ja auch nicht. Die Arbeit in Tel-Aviv geht weiter – und die Verteidigung. Das einzige, was man sich etwa nebenher gestattet, sind Gespräche mit Sachkundigen. So gab heute vormittag der Kellner, der den letzten Weltkrieg mitgemacht hatte, den erschreckten Gästen einige Erklärungen zum besten: Infanteriegewehre tragen wohl achtzehnhundert Meter weit. Daher können die Araber von ihren Stellungen der Oberstadt viele Straßen Tel-Avivs bestreichen. Aber glücklicherweise verlieren auf diese Entfernung hin die Kugeln ihre Kraft – die Verletzungen sind meist nicht schwer. Das Hotel Käthe Dan liege also schon nicht mehr »an der Front«, sondern im »Hinterland«, sei auch gegen Jaffa hin gedeckt. Allerdings gibt es auch Prellschüsse, verirrte Kugeln. Man erfährt in diesem zeitgemäßen Unterrichtskurs auch einiges über den Unterschied von Stenguns und Brenguns. Beide sind Maschinengewehre. Die leichteren Stenguns klappern wie Kisten oder Schubläden mit Nägeln, die man rasch schüttelt. Die Brens dagegen – jetzt, bitte – heulen. So werden wir gewaltsam, ohne es zu wollen, zu militärtechnischen Fachleuten ausgebildet. Ungefähr so, wie man in einem Spukhaus dazu angeregt oder vielmehr verleitet wird, einander Gespenstergeschichten zu erzählen. Jemand sagt etwa, der starke Knall komme aus den eigenen Verteidigungsstellungen. Die feindliche Kugel gebe im Auftreffen an die Mauern einen dumpferen Ton. Doch auch die entgegengesetzte, eigentlich natürlichere Meinung wird dargelegt. »Und warum vertreiben die Engländer nicht die Heckenschützen? Es ist doch klar zu sehen, woher sie schießen.« Nicht so ganz klar; denn es gibt schmale Schießscharten und rauchloses Pulver. Und überdies darf man die Hauptsache nicht vergessen: englische Polizei nimmt uns, den Verteidigern, die Gewehre weg, Waffensuche treibt sie in *unseren* Verschanzungen, nicht drüben.

Nun stehe ich also im Nebel vor den Traumhäusern

und suche ein wenig die Unruhe, die Erbitterung zu vergessen. Übrigens schießt man weiter. Es klingt immer wieder ganz nah oder scheinbar ganz nahe – wie ein lautes Händeklatschen manchmal – oder wie das Aufspringen einer Stahlkapsel. Große silberne Nüsse werden geknackt – verdammt noch einmal, mag es noch so schön klingen und mag man alle Furcht weit von sich weisen (man ist ja alt genug dazu): etwas Unangenehmes bleibt doch, zumindest ein Spannen und Zucken in den Kniekehlen. Ja, Kniekehlen – poplites. Horatius, der selbst vom Schlachtfeld davonlief, hat es gespürt:

Nec parcit imbellis juventae
Poplitibus timidoque tergo.

Der Tod nämlich, Mors in eigener Person. Er »verfolgt auch den Flüchtenden, schont nicht die Kniekehlen unkriegerischer Jugend noch den Rücken des Feiglings«.

Ach, es war doch eine andere Zeit, als wir in der eigentlich geheimen und von niemandem ermunterten Begeisterung unseres Gymnasiums uns an dem Hochklang dieser wundervollen Verse berauschten, die groß wie der Himmel tönen, mögen sie was immer aussagen.

Ich habe übrigens gar nicht gewußt, daß hier in der Gartenmauer der Traumhäuser eine Türe ist. Es gibt hier ein Gartengitter aus Drahtgeflecht und dahinter eine ebenerdige Terrasse mit einer Mauer. Die doppelte Abwehr der Straße hat nicht wenig zu dem Eindruck des Geschützten, In-sich-Versunkenen, beigetragen, den dieser Erdenfleck immer auf mich gemacht hat. Nun also öffnet sich die Türe der niedrigen Terrassenwand, und ich begrüße mit einem kräftigen

»Servus« meinen Schulfreund Viktor Freud. Jetzt ist er längst der von seinen Gymnasialschülern geachtete Professor Freud geworden, der alte Zionist und Vorkämpfer des nordwestböhmischen Distrikts. Für mich bleibt er aber immer der Freund aus den Gymnasialjahren.

»Was sagst du eigentlich zu all dem?« frage ich ihn heftig. »Hast du dir das so vorgestellt? In deinen Reden, in deinen programmatischen Erklärungen auf den Distriktstagen?«

»Nun, nun«, begütigt er mich. »Warum nicht? Das bißchen Schießen! Daß es ganz glatt abgehen wird, hat man sich wohl nicht einbilden können.«

»Stimmt! Stimmt auffallend, liebes Kind«, erwidere ich. Unwillkürlich bin ich in den böhmakelnden Tonfall unseres Mathematikprofessors Sírek verfallen und in eine seiner Lieblingsredensarten.

»Kähn s weg! Was haben s da gmacht?« setzt Kollege Freud stilgerecht fort. »Aber mein *liebes* Kind –« und sodann in natürlicher Sprache: »Es war vorauszusehen, daß es nicht ganz einfach sein wird.«

»Wie lange bist du eigentlich hier?« frage ich ihn nun. Seit ich in Palästina bin – und das zählt nun immerhin bald neun Jahre –, habe ich ihn nicht gesehen. An sich ist das nichts Auffallendes. Wir sind einander seit den Gymnasialjahren immer nur in großen Abständen begegnet. Dann allerdings war es jedesmal, als ob wir uns erst gestern verabschiedet hätten. »Ich habe gar nicht gewußt, daß du im Lande bist.« Ich sehe ihn nun genauer an, staune erst jetzt darüber, daß er mir so plötzlich über den Weg gelaufen ist. Er ist einfach gekleidet wie immer, dabei peinlich sauber und ordentlich. Der graue Hut, der graue Überzieher –

beide tragen die Spuren zahlreicher Bürstenstriche, sind gleichsam dünn vor lauter Sauberkeit. Der Kopf ist leicht vorgebeugt. In dieser charakteristischen Haltung pflegen Professoren in die Schulzimmer einzutreten, in der die Jugend versammelt ist. Um die Lippen, die kindlichen Augen schwebt wie immer ein verlegenes Lächeln. Es verdeckt eine Strenge und Energie, die sich gewissermaßen vor sich selber schämt, die nur für den Notfall bereit sein will. »Warum hast du mich eigentlich die ganze Zeit über nicht besucht? Das ist nicht schön von dir«, bemerke ich.

»Ich bin erst vor einem Monat gekommen«, entschuldigt er sich.

»Also gerade in die ärgste Zeit.«

»In die schönste Zeit, willst du wohl sagen. Jetzt erst fangen wir an. Alles vorher war nur ein Spiel, war Vorbereitung.«

»Ein Spiel? An dieser Vorbereitung haben wir beide immerhin recht kräftig teilgenommen. Du vor allem!« Ich drücke ihm die Hand. »Seit einem Monat also hier! Und wie gefällt es dir? Bist du nicht überrascht? Hast du dir denken können, daß wir im Aufbau schon so weit sind. Ich bin schon über acht Jahre lang da. Und jeden Morgen überrascht es mich, packt es mich von neuem. Diese schöne große Stadt! Nun, immerhin hättest du mich schon einmal aufsuchen können – oder mir eine Zeile schreiben, seit einem Monat. Ich wäre gern zu dir gekommen.«

Er scheint mir nun doch etwas verwirrt. »Habe so viel zu tun. Noch keine Zeit gehabt.«

Ich fasse ihn näher ins Auge. »Und du wohnst also hier? In diesem kleinen Haus?«

»Ja, hier.«

»Mit dem Blick auf den Innenhof?«

»Ja, warum nicht?« meint er, nicht sehr bestimmt, ein wenig ausweichend, wie es scheint. Es ist die besonders höfliche Sprechweise, die ich an ihm kenne. Die Sprechweise eines Mannes, der zu allen Gefälligkeiten gern bereit ist, der sich dabei aber niemals etwas vergibt, der immer ganz er selbst bleibt und auf klaren Abgrenzungen besteht.

»Mein lieber Vikmath«, sage ich jetzt zu ihm, den Spitznamen verwendend, den er in der Klasse trug – und das Herz geht mir über bei dem alten Klang – »es ist doch eigentlich großartig, daß wir beide das noch erlebt haben. Unser Staat wird Wirklichkeit. Hand aufs Herz, eigentlich haben wir nie gedacht, daß noch zu unseren Lebzeiten – oder hättest du es je für möglich gehalten? Es ist wie im Traum.«

»Ja, ja«, sagt er leise bewegt und zitiert den Psalm: »›Als uns Gott nach Zion zurückführte, da waren wir die Träumenden.‹ Hajinu ke-cholmím«, setzt er mit noch schwächerer Stimme hinzu.

Und mir fällt ein, daß er einer der ersten unter uns war, der noch in Prag das Hebräischlernen und Hebräischsprechen ernst genommen hat, unendlich lang, ehe ich daran ging, hier im Lande meine ärger als dürftigen Kenntnisse unserer Sprache ein wenig aufzufüllen. Übrigens erkenne ich noch an einer andern Eigentümlichkeit den alten, guten Vikmath. Er hat das ernste Zitat zwar ernst begonnen, dann aber scherzend den Zeigefinger gehoben, als wolle er eine schulfüchsige Art, die er etwa an sich habe, gleich mildern und persiflieren. »Nun also, aufgepaßt«, das will der Zeigefinger besagen. Aber der leichte Sprechton dazu scheucht gleichzeitig alle Pedanterie weg.

»Ich hoffe, daß wir uns jetzt häufiger sehen werden. – Sag, wann hast du Zeit? Gib eine Stunde an! Morgen? Übermorgen?«

Er zieht ein Notizbuch, einen Bleistift. Flüchtig setzt er den Bleistift an die Lippen, fährt dann mit ihm längs einer Kolonne hinab – das macht nun wieder einen recht professoralen Eindruck, und das schwarze Notizbuch sieht ja auch wie ein Taschenkatalog aus, der die Übersichten über die Schülerleistungen enthält. Lange studiert er die Seiten, blättert. »Es ist wirklich schwer«, sagt er nach längerem Zögern, achselzuckend, »ich habe noch so schrecklich viel zu tun.«

Ich will auffahren: »Keine Zeit? Für einen alten Freund keine Zeit? Wirklich häßlich von dir.« Aber er sieht von seinem Büchlein auf, schaut mich so freundlich an, daß ich die Worte nicht herausbringe. Ich verstehe ihn. Selbstverständlich hat er keine Zeit. So unendlich viel gibt es hier zu sehen – besonders für einen, der, sei es auch nur von ferne, an allen Institutionen hier mitgeholfen hat, sein Teil beigetragen hat zu jedem Haus, jedem Dorf, jeder Maschine. »Was hast du schon gesehen? Wo warst du? In unseren Kibbuzim? Prachtvolle junge Menschen dort. Was sagst du zu diesem neuen Bauernschlag, der schon gar nichts von unseren Untugenden an sich hat? Hoffentlich bleibst du lange? Kannst alles in Ruhe besichtigen?«

»Das weiß ich nicht«, sagt er vorsichtig. »Ich glaube, ich muß bald wieder weg.«

»Nach Prag? In die Diaspora? Und warum? Nein, das wäre schade. Das wäre doch wohl nicht das Rechte.«

»Ich weiß nicht, ob gerade nach Prag«, erwidert er.

»Wie lange also? Ich möchte dich ja so gern begleiten, dich überall herumführen. Stell dir nur vor, so ein Zusammentreffen heute. Nicht die geringste Ahnung, daß du da bist. Ich habe eine solche Freude mit dir. Eine andere Sache doch als in unseren ›Bar-Kochba‹-Sitzungen, findest du nicht? In die Kibbuzim kann man jetzt freilich schwer gelangen. Die Landstraßen sind unsicher. Hoffentlich hast du wenigstens Bet-Alfa schon gesehen, unsere Landsleute dort – und Sarid und Nahalal?«

»Ich war dort«, sagt er etwas vage, ein wenig verschlafen, wie man es manchmal an ihm merken konnte. Doch plötzlich wird er ganz wach. Er nimmt mich unter dem Arm, zieht mich näher, während wir durch die Gasse spazieren. Ein schmerzlicher Ton schlägt wie eine Flamme in seiner Stimme auf. »Du – es ist doch seltsam –, diese Leute wissen nichts von uns!«

Das ist vielleicht wahr. Was wissen die jungen Kerle, die den Pflug in die Scholle senken, die auf dem Traktor sitzen, die Hand am Gewehr, Milch und Gemüse in die Stadt fahren – was wissen sie von den Alten, die jahrzehntelang ihnen vorgearbeitet, die Hunderte von Vorträgen über Erez Israel gehalten, die die Studentenschaft organisiert haben oder mühsam und unter Ekel bei widerwilligen Reichen Geld gesammelt, damit hier nur der erste grüne Halm aus der Wüste hervorspringen kann! Die Jungen wissen nichts davon und haben wohl ein Recht, sich darum nicht zu kümmern. Aber auch der Freund hat recht. Nur paßt mir der Ton verzärtelten Selbstvertrauens eigentlich nicht zu meinem immer selbstlosen Viktor Freud. Ein fremder Ton, in dem auf rührende Art auch etwas wie Schüchternheit, Angst zittert – fremd in seinem Bild, vielleicht eher aus mir selbst hervordringend –, er scheucht aber auch diesen Flecken gleich weg und wird ganz fröhlich dabei: »Aber was liegt schließlich daran! Wir sind tot und begraben. Oder auch nicht begraben; die Nazis haben unsere Asche in alle Winde gestreut. Wir haben aber dennoch unseren Anteil an allem, was hier wächst. Wenn man's auch nicht weiß: es ist so. Und das muß ausreichen für uns.« Der Zeigefinger hebt sich wieder. »Wie sagt Goethe? Alle Guten sind genügsam.«

»Das sagt Goethe?« rufe ich. »Mir ganz unbekannt. Irrst du dich nicht? Es paßt auch gar nicht zu Goethe, von dem doch das Wort kommt: Nur Lumpen sind bescheiden.«

»Alle Guten sind genügsam«, wiederholt er und betont jedes Wort für sich. Ein Schulfuchs bin ich – klingt es dabei persiflierend aus seiner zarten, etwas brüchigen Stimme –, ja, ein Schulfuchs, was denn sonst! Ich bitte ergebenst um Pardon . . .

»Und wo steht es?«

Er pariert: »Im west-östlichen Diwan.«

»Den habe ich doch heute vormittag – allerdings nur den Anfang . . .«

»Es steht ungefähr am Schluß.«

Ich gebe mich fast geschlagen. »Muß wirklich zu Hause nachschaun.«

»Nicht nötig. Verlaß dich auf mich, Brod.« Mit du und zugleich mit dem Zunamen anreden, das ist nur unter Gymnasiasten möglich. Es gibt mir die ganze Luft der Schulstube – und die sorgsame Art, in der Vikmath jetzt zu dozieren beginnt, paßt vortrefflich dazu. Der klassische Philologe, wie er im Buche steht. »Die beiden Sätze«, so doziert er, »stehen auch gar nicht in Widerspruch zueinander, wie man auf den ersten Anschein hin meinen möchte. Alle Guten sind genügsam – das heißt: sie begnügen sich mit einem mäßigen Anteil. Rafflust ist ihnen fern. Auf dem Anteil aber, den sie für den ihnen zukommenden halten, werden sie fest bestehen. Bescheiden dagegen ist derjenige, der immer und überall zurückweicht. Da gibt es keine Grenze. Der Bescheidene wird an jedem Punkt, wenn man ihn nur ein wenig drängt, noch etwas und noch etwas von seinem Recht aufgeben. Der Genügsame spricht sich nicht viel zu, das wenige aber behauptet er. Der Bescheidene unterwirft sich, weicht unter allen Umständen zurück, und das hat wirklich etwas Lumpenhaftes an sich.«

»Mag sein.« Ich bewundere, wie oft in alten Tagen, seinen Scharfsinn. »Ich sehe, du bist der gute Logiker geblieben – wie nur je. Qui bene distinguit, bene docet. Um so lieber möchte ich mit dir durch das Land reisen. Du, Freud, hast du dir wenigstens Notizen über das gemacht, was du schon gesehen hast?«

»Gewiß, du wirst aber nicht viel Neues in ihnen finden.« Genügsam oder bescheiden – wie ihr es nehmen wollt –, es ist jedenfalls der alte Freud, er hat sich nicht geändert.

»Ich möchte sie aber doch lesen. Ich möchte, wie unsere Herren Profen sagten, ›an der Hand der Skripten‹ über dies und jenes mit dir schwatzen.«

»Bitte – wenn du es durchaus willst.«

»Wann willst du mir vorlesen?«

»Lieber gleich. Meinst du nicht? Man kann heute nicht wissen –.« Eine Kugel war ganz in der Nähe mit großem Lärm geplatzt, mit einem metallischen Kichern, das förmlich weh tat. Plötzlich war Vikmath wie verwandelt. Offenbar wollte er mich aufheitern, mein bestürzter Blick mochte es ihm nahelegen. Er beugte sich, stieß den Kopf vor wie ein Sturmbock, wie den »aries« römischer Belagerungstruppen, und ließ die ausgestreckte Hand folgen; die Stimme klang sonor und im Widerspruch zu dem nichtigen Inhalt bedeutsam, ja pompös – natürlich, das war ja Ahála, unser Lateinprofessor –; Imitation der Lehrer war immer das besondere Vorrecht und die Kunst von Vikmath gewesen; das Herz der ganzen Klasse hatte er in unseren Kneipen damit gewonnen. Jetzt rollte er die Augen, weitete sie, blickte himmelan: »Warten Sie hier, Brod – ich hole mir nur meine Theke.« Mit diesem altertümlichen, sonst von niemandem verwendeten Wort »Theke« hatte Freund Ahála unsere Anmerkungshefte zu bezeichnen gepflegt, in die er uns die Perlen seiner Erläuterungen zu den römischen Klassikern diktierte – »Theke« – wenn er es nicht vorzog, sie auf noch skurrilere Art unsere »Handschrift« zu nennen. Richtig, da war auch schon in Vikmaths Mund die alte Erinnerung.

»Ich hole also meine Handschrift. Warten Sie!«

Und die Türe in der Gartenmauer schloß sich hinter ihm.

Ich blieb eine Weile allein. Vor dem kleinen Haus ging ich auf und ab. Man schoß nicht mehr. Ich konnte in aller Ruhe an die Zeit denken, die mir durch das unerwartete Auftauchen Vikmaths mit einem Schlag lebendig zu werden begann. Die ganze lange Gymnasialzeit, acht volle Jahre, von meinem zehnten Jahr an. Aber in erster Reihe dachte ich an ihn, alles kreiste um den wiedergefundenen guten Freund, den sanften edlen Menschen, der immer im Schatten gestanden war.

»Von uns wissen sie nichts« – sein schmerzlicher Ton lag mir in den Ohren, drang immer wieder hervor, obwohl er leise und gleich nachher widerrufen aus ihm hervorgekommen war. Hätte ihm dieser Satz nicht als Leitwort seines ganzen Lebens dienen können: »Von mir wissen sie nichts?«

Unter einem bösen Stern geboren. Er trug es aber mit vollendetem Gleichmut, schien mit seinem Schicksal durchaus versöhnt. Nie habe ich ihn aufbegehrend gesehen. Stumm blieb er immer um eine Linie hinter dem Maß von Anerkanntsein zurück, das ihm gebührte. Aber daraus schien er sich nicht das geringste zu machen. Die Stellung des immer ein wenig zu spät Anlangenden, des immer ein wenig Verkürzten paßte auf eine selbstverständliche, geheimnisvoll natürliche Weise zu ihm. Er akzeptierte sie. Das ist zu wenig gesagt: man konnte glauben, daß er sein Geschick mit einer besonderen, ihm individuell eigenen Würde trug. Diese Würde – schlicht, ohne Stolz, unbetont, kaum spürbar –, er hätte manchmal beinahe um sie beneidet werden können. Sie besagte: Der, dem es mißlingt, oder dem es zumindest nicht ganz, dem es fatalerweise gerade um einen Grad zu wenig gelingt, der ist ... nun, wir verstehen uns ja, der ist der eigentliche, der rechte Mann.

Unter einem bösen Stern, mein Vikmath, hat sich gleich dein erstes Auftauchen in unserer Gemeinschaft vollzogen, in der untersten Klasse des Untergymnasiums, die in Österreich Prima hieß. Er trat erst im Oktober ein, mehr als einen Monat nach Schulbeginn. Eine Krankheit, so hieß es, hatte sein Kommen verhindert. So war er zunächst einmal »der Neue«, gegenüber etwa dreißig Rangen, die schon zusammengehörten.

Und gegen den »Neuen« ist man immer untolerant – das kann man an jeder Bahnstation studieren, wenn sich die Coupétüre öffnet und einer hereintritt, gegen den die andern, wiewohl kaum seit einem Stündchen vereint, schon eine geschlossene Gruppe bilden. Mißgünstige Blicke schießen wenigstens in den ersten Minuten auf den »Fremden« los. Ehe er sich beliebt gemacht hat, gibt sich die Gleichgültigkeit, ja natürliche Feindschaft zwischen den Menschen gegen ihn kund.

Sich beliebt machen, das eben war es, was Kollege Freud nicht verstand, was auch gar nicht in seinem Horizont, in seinem Willen lag.

Unbeachtet drückte er sich jetzt an die weiße Wand. Der Lehrer war noch nicht im Zimmer. Die Klasse erging sich, wie immer vor dem Unterricht oder während der Pause, in überlautem Gespräch. Niemand wies dem Gast einen Platz an, niemand hatte ein Auge, einen Gruß für den langaufgeschossenen, schwachen, blassen Knaben im sauberen grauen Anzug. Er trug auch später mit Vorliebe graue, unauffällige Kleider. Seine Unauffälligkeit – so hätte vielleicht ein scharfer Beobachter gefunden – war das einzig Auffallende an ihm. Aber solche Beobachter waren wir nicht. Keiner bemerkte die feinen Züge, die klaren Linien in seinem Gesicht, die schöngewölbte Stirn, die hohen und weiten Bogen der Augenbrauen, die sinnenden braunen Augen. Professor Proft, gefürchteter Meister der Geographie und Geschichte, hatte die erste Stunde. »Sie heißen?« examinierte er den Neuen, den er sofort bemerkt hatte. Mit einem stummen Wink hatte er ihm einen Platz in einer der letzten Bänke angewiesen.

Ein leises Stimmchen erscholl.

»Ich verstehe Sie nicht. Kommen Sie heraus. Da, aufs Katheder. Nun, wie heißen Sie?«

»Freud, Viktor.«

»Woher? Aus Prag?«

»Aus Theusing.«

»Soso – Theusing!« Der Professor schmunzelte und sprach den Namen sehr langgedehnt aus, was immer das Zeichen einer menschenfresserisch gehobenen, frohen Stimmung bei ihm war. Es lag, völlig unmotivierterweise, eine Art von ironischer Begrüßung in dieser Aussprache – mit gutem Ohr konnte man etwas wie Messerwetzen aus dem Ton heraushören oder die Faust Polyphems mit ihren langen Nägeln. Die Klasse merkte aber nur, daß Professor Proft zu grimmigem Lachen, zu Verspotten aufgelegt war. Gleich begann ein bereitwilliges, ja kriecherisches Kichern durch die Reihen zu zündeln.

»Theusing bei Karlsbad, nicht?« fuhr der finstere Riese im falschen Sonnenschein seines Lächelns fort.

»Ja.«

»Warum sagen Sie also nicht gleich: Theusing bei Karlsbad?«

Nun lachte man schon. Für uns Prager, Großstädter im einfältigen Alter von zehn Jahren, hatte es etwas entschieden Komisches an sich, daß jemand aus einem Ort stammte, von dessen Existenz man bisher nichts gewußt hatte und der so klein war, daß man eine benachbarte Stadt angeben mußte, um das Dörfchen überhaupt nur auf der Landkarte zu finden.

Das Kind oben auf dem Katheder sah zuerst ratlos vor sich hin. Da es sich aber keiner Schuld bewußt war, hob es den Blick unbefangen dem grinsenden Despoten entgegen.

»Wußten Sie nicht, daß der offizielle Name Ihres Heimatortes im Bezirksregister ›Theusing‹ bei Karlsbad‹ lautet? Oder glauben Sie etwa, es wäre richtiger, Karlsbad als ›Karlsbad bei Theusing‹ zu bezeichnen?«

Die Klasse brach los: »Ho – ho – ho.«

»Ruhe. Sie können sich setzen, Freud, Viktor.«

Nun hatte der Neue sein Gleichgewicht wiedergefunden. Und aus Gewissenhaftigkeit, wie sie ihn immer auszeichnete und wie sie durch die Spottreden des Professors, die er ernst nahm, ganz besonders aufgerührt wurde, trat er couragiert einen Schritt vor, nahm nun ungefragt das Wort. »Ich habe noch einen zweiten Vornamen, bitte. Ich heiße Viktor Mathias.«

»So, so – Mathi-as!« Wieder dieselbe, diesmal noch verstärkte scheinfreundliche Dehnung. »Mathi-as! Das ist ja wunderbar! Wie der erste Evangelist.« Er nahm den Neuankömmling scharf ins Auge. Sein Hohn prellte nun offen vor. »Viktor Mathias Freud, der Evangelist. Da sind Sie wohl sehr fromm? Und was wissen Sie denn von den anderen Evangelisten?«

Das war zuviel für den schüchternen Knaben. Alles drehte sich ihm im Kopf. Er hatte den Eindruck, aus seiner ruhigen Landschule auf einen Rummelplatz oder in ein Tollhaus geraten zu sein. Was wollte der dunkle Mann da von ihm? »Herr Professor, ich bin –« sagte er ängstlich, fast weinend, »ich bin Mosaite.«

»Was sind Sie?«

»Mosaite.«

»Unsinn. Gibt es nicht!« Der kluge Herr Proft hatte formell recht, wie immer. Nach der amtlichen Nomenklatur österreichischer Gymnasien hießen wir Juden: »Israeliten«, was vielleicht etwas schmeichelhafter, gewissermaßen liberaler klingen sollte, im Sinn josefinisch-aufgeklärter Staatstradition. Und auf den Schulzeugnissen hieß es, noch abgeschwächter, noch verwischter: »Konfession: mosaisch.« Ein unschönes, doch jedenfalls in guter Absicht erfundenes Adjektiv, zu dem es kein entsprechendes Hauptwort gab. Freud Viktor hatte es in seiner Verlegenheit gleichsam illegal gebildet. »Sie sind Jude – das wollen Sie doch wohl damit sagen?« donnerte jetzt der Professor. Er war, wie wir allerdings erst in höheren Jahrgängen merken sollten, entschiedener Antisemit, freilich im Stil der damaligen, vergleichsweise noch humanen Zeitperiode – und überdies gab ihm die Schulordnung, die in jenen Zeiten peinlich befolgt wurde, nur äußerst selten und unvollkommen Gelegenheit, diese seine Gesinnung zu zeigen. Er mäßigte sich auch sofort. »Ich habe Sie nicht nach Ihrer Religion gefragt. Die Evangelisten aber gehören in die Weltgeschichte, verstehen Sie? Wir werden später einmal darauf zu sprechen kommen. Setzen Sie sich!« Damit wäre der Zwischenfall eigentlich erledigt gewesen.

Aber während der nächsten Pause trat Hummel, genannt der »schöne Hummel«, oder einfacher »Dorette«, an den Neuen heran. »Du heißt also Viktor Mathias? Wir werden dich Vikmazius nennen.«

Trotzig hob Freud das Köpfchen. »Warum?«

»Bei uns muß jeder seinen Spitznamen haben.«

»Vikmazius gefällt mir nicht.«

Hummel replizierte, seine Worte in eine damals bekannte Schlagermelodie pressend: »Vikmazius – Lumpazius.«

In diesem Augenblick rötete sich das sonst so blasse Gesichtchen Viktors. Ja, trotz seiner dauernden Zurückhaltung und Stille gab es Momente, in denen Jähzorn in ihm hochschoß. Und solch ein Moment war jetzt eben eingetreten. Er verdichtete sich zu einer kräftigen Ohrfeige, die in Hummels Gesicht niederging.

Im ersten Augenblick wichen alle entsetzt zurück. Der Neue hatte gewagt, einen Liebling der Klasse anzutasten, die stolze Dorette. Dann entstand eine wütende Rauferei. Doch schon läutete die Schulklingel, die nächste Unterrichtsstunde und das Kommen des Lehrers ankündigend. Freud hatte tüchtig Prügel bezogen.

Überdies versöhnte er sich bald nachher mit Hummel, auch wir andern kamen ihm langsam näher, obwohl eine besondere Atmosphäre der Einsamkeit um ihn lag und eigentlich nie ganz wich. Sie war nur ein schwaches Lüftchen, kaum merkbar, blaß wie er von Angesicht, so könnte man sagen, aber sie war da. Deutlicher als sie trat allerdings zunächst in Erscheinung, daß die Versöhnung mit Hummel eine ganz äußerliche geblieben war – Haß und Feindschaft blieben von Anfang an die eigentlichen Gefühle der schönen »Dorette« gegen den Neuen. Gefühle, die durch den entschiedenen Charaktergegensatz der beiden verschärft, durch die Wechselfälle des Gymnasiastenlebens, durch gemeinsame Leiden allerdings öfters verdeckt wurden, im wesentlichen aber doch acht Jahre lang anhielten, bis sie schließlich zu Vikmaths Sturz und Zusammenbruch führten. Einen Vorgeschmack dieses Ausgangs gab schon der erste Streit, der um den Spitznamen. Mit »Vikmazius« war Hummel zwar nicht durchgedrungen, aber »Vikmath« mußte sich Freud gefallen lassen. Ja, in seiner Gutmütigkeit nannte er sich später selbst so, als er ein quasi-literarisches Pseudonym für unsere »Kneipzeitung« zu wählen hatte.

Anfangs hielt ich zu Hummels Partei. Er war der Eleganteste der Klasse, trat immer besonders gepflegt und vornehm auf, vielleicht mit einem leichten Stich ins Geckenhafte, der in den höheren Schulklassen immer schärfer durchschlug. Er sah aus wie ein Italiener mit glühend schwarzen, großen Augen, dunkelbraunem Haar, das sich in reichen, einigermaßen starren Locken emporbaute. Etwas Glanzvolles, Rhetorisches wetterleuchtete um ihn. Ja, schon die einfache Tatsache, daß er der einzige Protestant in der Klasse war, schien ihm eine irgendwie dominierende Position zu geben, denn aus nicht recht durchsichtigen Gründen (vielleicht infolge großdeutscher Neigungen und in einer gewissen Opposition gegen den altösterreichischen Schlendrian) galt damals in den deutschen Kreisen Prags der Protestantismus für nobler als das katholische Bekenntnis. Zumindest im Bürgertum herrschte diese Tendenz, allerdings im Gegensatz zur Sphäre der »Kleinseite«, des strengkatholischen Stadtteils der hohen Beamten und der Aristokratie. Hummel gehörte einer der angesehensten und reichsten Familien Prags an, die durch ihre Residenz im »Stadtparkviertel« und ihre Villa in Bubentsch, vor den Toren der Stadt, charakterisiert war. Sein Vater trat als Landtagsabgeordneter hervor. Er selbst wurde, Dezennien später, ins Wiener Parlament gewählt. Was mich an ihm anzog, war sein Temperament und seine Intelligenz, die allerdings frühzeitig ins Zynische umschlug. Er erschien mir aber zugleich und vor allem als unwahrscheinlich schön, als eine Art Apollon oder Prinz Paris, mit braunrot sonnverbranntem, kraftvollem

Teint. Die antik-orientalische Schönheit hatte er mit seiner älteren Schwester Dorette gemein, die später von einigen meiner Kollegen, selbstverständlich auch von mir, als unerreichtes Ideal – sie war zudem Künstlerin, eine sehr begabte Bildhauerin – von ferne angeschwärmt wurde. Da man auf dem Schulpult Hummels unter seinen Heften einmal auch ein Heft seiner Schwester mit der Aufschrift »Dorette Hummel« fand, das er irrtümlich mitgenommen hatte, hieß er von da ab nur noch »Dorette«. Mit einer gewissen Zärtlichkeit wurde er von allen so genannt, obwohl er sich stets höchst arrogant benahm, niemanden (von erwählten Ausnahmen abgesehen) an sich heranließ und schließlich vor lauter Hochmut und Vornehmheit so näselte, daß man ihn manchmal gar nicht verstand.

In diesen Hummel war ich einmal acht Tage lang richtig verliebt; die einzige Abirrung des Gefühls in solcher Beziehung, deren ich mich entsinne. Selbstverständlich wußte er nichts von meiner Leidenschaft, die dumpf und ziellos war, hat es auch nie erfahren, wie sehr ich damals seufzte und litt, nur dann, wenn ein Blick aus seinen Kohlenaugen mich traf, leise auftauend. Daß wir damals in der Prima, also zehn Jahre alt waren, weiß ich zufällig, infolge eines Nebenumstandes ganz genau: im Hochgefühl meiner eben erworbenen ersten Lateinkenntnisse (es kann also nur in der Prima gewesen sein) kritzelte ich in jenen Tagen insgeheim auf eine Bank im Stadtpark: »Amo quandam et quendam.« »Ich liebe eine gewisse und einen gewissen.« Und kam mir bei dieser Verewigung meines Empfindens in einer meinem Ohr marmorhaft klingenden Form höchst wichtig vor. Die »quandam«, die damals mit Hummel meine Zuneigung teilte, war nicht etwa Hummels Schwester (zu der ich erst viele Jahre später meine Augen erhob), sondern eine meiner vielen Kusinen, der es in der Folge sehr leicht gelang, den »quidam« aus dem Feld zu schlagen und die ja schon in dem kindischen Schmachtsatz an der Spitze gestanden war, wie es sich gebührt.

Viktor Freud verschwand nach jener ersten Prügelszene meiner Aufmerksamkeit fast völlig. Der glänzende Hummel und andere im Guten und im Bösen höchst interessante Mitschüler verdrängten ihn aus meinem Gesichtskreis. Es war wohl erst in den letzten Jahrgängen des Gymnasiums, in der Sexta, Septima, Octava, daß ich mit Vikmath in nähere Verbindung kam. Zunächst bemerkte ich ihn kaum – von einer kleinen Episode abgesehen, die sich in der Quarta abgespielt haben mochte. Das Ereignis erwarb unserem Vikmath plötzlich allgemeine Sympathien, ja den vollen Respekt der Klasse, nachdem er anfangs, jener ungünstigen Einführung durch Professor Proft zufolge, wenig gegolten und dann für Jahre ins Unbeachtete zurückgetreten war.

Um den Vorfall zu verstehen, muß man vor allem wissen, daß Vikmath begeisterter Schachspieler und später sogar ein kleiner Meister dieses Spiels war. Er liebte es ja überhaupt, seine eigenen Wege zu gehen; sein Wesen bekam frühzeitig etwas Sonderlinghaftes – bei all seiner Hinneigung zu Sitte und Ordnung bildeten sich in seinem Charakter Züge eines allerdings stillen Bohemiens, eines Eigenbrötlers aus.

Da seine Eltern auf dem Lande wohnten, war er bei Fremden eingemietet, konnte sich also schon deshalb freizügiger bewegen als die meisten von uns. So fand er wohl also auch am Verkehr im Kaffeehaus nichts

Besonderes, der uns damals als etwas Unerhörtes, ja fast als eine Art Verbrechen erschien. Es war ja den Schülern der kaiserlich-königlichen österreichischen »Mittelschul-Unterrichtsanstalten« streng verboten, in ein Kaffeehaus zu gehen, wie ihnen überhaupt durch eine von Generation zu Generation vererbte und nur in Nebenpunkten modernisierte »Disziplinarordnung« eine Reihe harmloser Betätigungen, unter anderem auch das Rauchen, die Zugehörigkeit zu Vereinen, der Genuß alkoholischer Getränke in öffentlichen Lokalen, Theaterbesuch ohne Aufsicht Erwachsener – so hieß es im Wortlaut –, ja sogar das Tragen von Spazierstöcken untersagt war. Vikmath indes gehörte in aller Harmlosigkeit zu den Stammgästen eines Kaffeehauses in der Vorstadt ›Königliche Weinberge‹, in dem Schachliebhaber einander zu treffen pflegten, unter ihnen auch unser Weisheitsführer im Lehrfach »Mathematik und Physik«, Professor Wenzel Sírek. Der Schrecken Vikmaths war groß, als unvermutet Professor Sírek, der nicht gerade zu den gemütlichen Herren des Lehrkörpers gehörte, eines Abends im Schachzimmer dieses Cafés erschien und den Schüler gleichsam auf frischer Tat erwischte. Es zeigte sich aber, daß Sírek, der nach außen gern den Schultyrannen spielte, privat auf recht »legere« Art mit sich reden ließ. Er gewöhnte sich daran, mit dem schachbegabten Zögling am Brett zu sitzen – nur hielt er einigermaßen darauf, daß ein ungeschriebenes Abkommen zwischen den beiden Partnern eingehalten wurde: was in der Schule vorging, ging ihn im Kaffeehaus nichts an – und umgekehrt. Uns Mitschülern aber konnte Vikmath unbekümmert, ohne Geheimniskrämerei, von seinem merkwürdigen Zusammensein mit dem Gestrengen erzählen – und »Sírek beim Schach« wurde später, als er sich aufs Nachahmen der Professoren warf, eine seiner beliebtesten Nummern.

Übrigens sagte er uns nichts Neues, wenn er den von weißen, unordentlichen Haarsträhnen umbrandeten, klugblickenden Herrn mit der mächtigen Stirne als weichen und liebenswürdigen, allerdings immer nervösen und aufgeregten Menschen schilderte. Wir hatten ihn längst durchschaut. Eigentlich fürchteten wir auch gar nicht ihn, sondern eher den Gegenstand, den er lehrte und von dessen unerbittlicher himmelstürmischer Konsequenz er sich kein Quentchen abhandeln ließ. Wenige konnten ihm folgen, ja, die meisten erwiesen sich als hoffnungslos dem Sinn jener geheimnisvollen Formeln verschlossen, die sie durch verständnisloses Auswendiglernen zu bemeistern hofften – ein Verfahren, dem Sírek stets mit Spott und äußerster Verachtung begegnete. Er selbst war außerhalb der Schule ein Forscher auf seinem Gebiet, hatte früher in Akademien und wissenschaftlichen Zeitschriften Abhandlungen publiziert, von denen wir undeutlich erzählen hörten. Doch verärgert, in der Schule ergraut, jetzt schon abgenützt, gehörte er eher zu den komischen Figuren, wiewohl er sich immer wieder Achtung erzwang. Denn es war kein Falsch an ihm (darin glich er unserem Vikmath). Ein Nebenumstand jedoch wirkte ihm entgegen. Daß er die deutsche Sprache nie bis ins Letzte zu bemeistern gelernt hatte, daß immer wieder kleine Fehler und sein tschechischer Akzent durchklangen, das trug ihm in unseren Augen eine seltsame, mit Hochschätzung durchaus vereinbare Aura der gelinden Lächerlichkeit ein. In jener Zeit unterrichteten seltsamerweise an den Prager deutschen Gymnasien auch noch einige Tschechen; im alten Österreich waren ja die Grenzlinien läßlicher gezogen als später. An unserer Anstalt lehrte sogar noch ein zweiter Tscheche, übrigens in allem ein Gegenbild jenes alten Sírek: der junge, elegante Kotyka – von dem noch einiges zu sagen sein wird. Professor Sírek nun beherrschte natürlich den deutschen Vokabelschatz, namentlich den seines Faches. Seltsamerweise aber fehlte ihm (und ohne daß er es je bemerkt hätte) ein einziges Wort: das deutsche Wort »Kolben«. An dessen Stelle verwendete er immer, und zwar in arglosester Weise, das tschechische Wort »píst« – und wenn er nun im Physikkurs zur Beschreibung der Luftpumpe kam, bei der immer wieder vom Kolben die Rede war, wenn er dann in Dauerfolge Sätze bildete, wie: »Ich nehme also jetzt diesen píst – ich drücke den píst herunter ...«, dann hatte die Klasse ihren großen Tag, auf den sie bereits von den vorhergehenden Semestern gebührend aufmerksam gemacht worden war. Und es war schwer, den Ernst zu bewahren. Eine seltsame Unruhe herrschte während der ganzen Stunde, da und dort platzte einer los. Schließlich ging vom Katheder her ein Strafgericht in Gestalt von »Zweiern« (das ist: »nichtgenügend«) nieder, und jeder war froh, wenn das angstvoll angespannte Amüsement dieser einen Lektion, auf die man sich doch das ganze Schuljahr über gefreut hatte, endlich vorbei war.

Die zweite Besonderheit des wackeren Pädagogen bestand im häufigen Gebrauch einigermaßen schwieriger und seltener Vokalformen, vor allem des im Umgang wenig gebrauchten Konjunktivs, den er mit einer Art von besonderer Lust hervorstieß und zu betonen pflegte. »Mein liebes Kind« – so pflegte er uns zu nennen –, »wenn Sie ihren Verstand im Kopf trüügen und nicht bloß aus den Büchern bezö-ögen ...«

Hätten wir in jenen Tagen nur ein weniges von psychologischer Einsicht besessen, so hätten wir wahrscheinlich schnell herausgebracht, daß Professor Sírek durch dies Bevorzugen grammatisch einwandfreier, aber ungewohnter Formen uns, vor allem aber sich selbst – gewiß unbewußterweise –, beweisen wollte, daß er das Deutsche bis in seine äußersten Feinheiten erfaßt hatte und sogar besser deutsch sprach als alle andern. Aber von »Überkompensationen« wußten wir damals noch nichts, und so wurden wir nur des Bizarren, nicht des Peinlich-Schmerzlichen dieser Spracheigenheit gewahr. Namentlich einer aus unserem Haufen, er hieß Peppa Freund, hatte es auf Sírek abgesehen und schrieb in dessen »Mundart« kleine Gedichtchen, in denen sich die wimmelnden Konjunktive nur so bogen. Sie bildeten das Entzücken unserer Schulpausen. Und erst ganz zum Schluß, bei der Maturitätsprüfung, lernten wir den Wert und inneren Glanz dieser scheinbar nur drolligen Unbestimmtheitsformen schätzen, als Professor Sírek einen armen Kandidaten, der die an die Tafel geschriebene Gleichung hilflos anstarrte und endlich stammelte: »Ich werde beide Seiten der Gleichung mit x multiplizieren«, mit den liebreichen Worten beisprang, im Vertrauen darauf, daß die Prüfungskommission ohnehin nichts von Mathematik verstand: »Gewiß, mein liebes Kind, stimmt auffallend. Das kä-äme richtig heraus. Aber wie wä-äre es, wenn Sie beiderseits durch Ypsilon dividierten und dann zum Quadrat erhö-öben?« Da erst sahen wir ein, daß der Konjunktiv sein Gutes haben, ja unter Umständen so etwas wie einen Beitrag zur Humanität bedeuten kann. Doch von solcher Ahnung waren wir damals noch himmelweit entfernt – und wieder einmal kritzelte Peppa Freund einige seiner Spottverse, jene, die in der Folge berühmt wurden und in unseren Kneipen als »Sírek-Lied« weiterlebten. Es begann:

Wenn ich einen Kolben fä-ände,
Ihn mir an ein Bandel bä-ände
Und ihn dann verlö-öre,
Ich vor Wut krepö-öre.

Der glückliche Autor zeigte das Papierchen seinem Nebensitzenden, der zu lachen begann. »Was haben Sie dort? Kommen Sie heraus!« Es war Mathematikstunde. Sírek prüfte gerade, und der mutvolle Satiriker Peppa Freund pflegte wissenschaftlichen Fragen gegenüber stets sehr kleinlaut zu werden, denn in Mathematik war er einer der Schwächsten, ein sogenannter Schwachmathikus. Es hatte sich daher der Brauch herausgebildet, daß unser Vikmath, ein guter Algebraiker, an Stelle von Peppa Freund aufs Podium zu kommen pflegte. Professor Sírek, immer fahrig, immer zerstreut, zudem äußerst kurzsichtig, verwechselte nämlich die beiden so ähnlichen Namen Freud und Freund. Auch saßen die beiden nahe beisammen. Das Aufrufen vollzog sich gewöhnlich so, daß Sírek sich im schnellen Sprechen einige Male irrte, sich versprach, wie es auch sonst seine Art war, und so eine ganze Weile lang zwischen den beiden Namen schwankte: »Kommen Sie heraus, Freud, Freund, Freud – nein, Freund – nein Freud!« Und Vikmath erhob sich, trat mit schöner Selbstverständlichkeit regelmäßig für sich wie für den andern in die Schranken. Auch diesmal begann das Scharmützel auf die übliche Art. »Kommen Sie heraus, Freud, Freund – nein, Freud!« Diesmal aber handelte es sich nicht um ein gewöhnliches »Ungenügend« in Mathematik, sondern um einen gefährlich nach Disziplinbruch und Lehrerbeleidigung schmeckenden Fall. Und gerade diesmal hatte der Professor den Übeltäter, den »Schwachmathikus« fest ins Auge genommen. »Kommen Sie, Freud, ... nein, Sie meine ich nicht« (Vikmath war schon bereitwillig aufgesprungen, wie immer), ... »ich meine Sie dort«, und da er sich nicht mehr zu helfen wußte, verdeutlichte der Professor seinen Herzenswunsch auf die etwas ungewöhnliche und unlogische Weise: »Sie meine ich, Freund mit n.« Es geschah dies – nach dem eigentümlichen Vergrößerungsgesetz, das alle Vorfälle in der Schule erfaßt – nicht ohne allgemeine Belustigung, die den Gelehrten noch mehr ergrimmte. »Sie meine ich, Sie dort!«

»Bitte, Herr Professor haben ›Freud‹ gesagt. ›Freud‹ bin ich«, erklärte Vikmath.

»Aber Sie meine ich nicht.«

In diesem unheimlichen Augenblick besann sich der Schüler unerlaubterweise auf sein gleichsam außeramtliches Verhältnis zu Sírek und, während sich vor unseren erschauernden Augen zwei Sphären mischten und durcheinanderpolterten, die einander sonst so fern lagen wie Ost und West, kamen aus Vikmaths Mund die ruhigen, aber entschiedenen und mutigen, in einem völlig schulfremden Tone, sogar lächelnd gesprochenen Worte: »Herr Professor – Pièce touchée!«

Er spielte auf die bekannte Schachregel an, daß der Spieler, der einen Stein berührt hat, verpflichtet ist, mit ihm zu spielen, wenn der Partner auf diesem Recht besteht. Den Liebhabern der vierundsechzig Felder gilt dies als eine sakrosankte Gepflogenheit.

Und Sírek war kein Spaßverderber – nicht Freud mit, sondern Freund ohne n wurde geprüft, während das unheilvolle Papierchen längst in andere Hände gewandert war.

Vikmaths Unerschrockenheit fand gerechtes Lob der Kollegenschaft, die mit dem der Jugend eigenen Scharfblick nichts so hoch einschätzte wie Opferfähigkeit und rasche Entschlußkraft, vornehmlich, wenn es um Widerstand und Zusammenhalten gegen die »Profen« ging. An diesem Tag war Viktor ein wirklicher Sieger, der erklärte Held der Klasse.

Daß er den Meisterschaftstitel nicht länger als ein, zwei Tage hielt, das lag an seiner zurückgezogenen, unaufdringlichen Art. Er tauchte bald wieder gelassen ins Dunkel zurück, machte ruhig und ernsthaft seine Schulaufgaben, seine Hausübungen, wurde von keiner Seite angefeindet und von keiner in den Himmel gehoben. Bald war er in den Augen der Klasse wieder genauso unauffällig und anspruchslos wie zuvor. Dabei hätte man sich geirrt, wenn man ihn etwa für unbedeutend oder unkämpferisch gehalten hätte – wiewohl er manchmal den Anschein solch unrühmlicher Eigenschaften weckte. Es sollte sich aber herausstellen, daß gerade er, der Stille, die eigentliche und stärkste Kampfnatur in der Klasse war, auf seine besondere zähe, in sich vertiefte Art kämpferisch, indem er eben zunächst gleichsam sein Pulver trocken hielt und nicht an die unwesentlichen und eitlen Schülerstritte verschwendete. Er sparte es für die wirklichen Zusammenstöße mit den harten Tatsachen der Welt auf. An unseren Gruppen und Konventikeln, die sich in jener

Zeit zu sondern begannen (oft nur Tageskonstellationen, die am nächsten Tag wieder zerflossen, um anderen Zusammenschlüssen Platz zu machen), an all dem Meinungskampf um persönliche Fragen, Angelegenheiten des Geschmacks, der Lebensführung, der Kleidung, Haartracht, des Stils im Alltag sozusagen, der manchmal auch schon auf literarische Werturteile, Musik, Theater, seltener auf Sportereignisse übergriff – an all den Erregungen seelischen Erwachens nahm Vikmath kaum Anteil. Das eben machte ihn unscheinbar. Wir andern diskutierten, wenn auch meist mit herzhafter Ahnungslosigkeit, über die ersten und letzten Daseinsrätsel – die gleichzeitig und gleichrangig mit dem hochwichtigen Thema abgehandelt wurden, ob »Ahála« die letzte griechische Schularbeit absichtlich und boshafterweise oder nur zufällig mit einigen Fangnetzen und Fallen für die Strauchelnden versehen habe. Vikmath stand abseits, machte nur knappe Bemerkungen oder schwieg.

Der Gärungsstoff, der traditionsweise die Schülerschaften des Stephansgymnasiums auszeichnete, schien über ihn keine Macht zu haben. Das Volk der »Stephanesen« war schon damals eine unruhige Horde, novarum rerum cupidi, neuerungssüchtig, wie uns einige der alten Schulmänner immer wieder vorrieben. Und einige Jahre später ging ja auch der berühmteste Absolvent dieser Schule, Franz Werfel, aus der Mitte eines jüngeren Jahrgangs hervor – während zu unserer Zeit, an dem weit stilleren, fast klosterhaften Altstädter Gymnasium, der träumerische Franz Kafka heranwuchs, übrigens ohne Kontakt mit uns; denn zwischen Schülern zweier Gymnasien gab es keinen Verkehr. Das waren gesonderte Welten. Wir in der oberen Neustadt, in der Stephansgasse, die nach der hochgelegenen alten, kleinen Stephanskirche hieß, hätten die besondere Spannung und Bewegtheit innerhalb unserer Gemeinschaft wohl daraus herleiten können, daß bei uns die verschiedensten Stände, arm und reich, Proletarier und Söhne von Großkaufleuten, Tschechen und Figuren unbestimmter altösterreichischer Nationalität, in der Klasse zusammenstießen, Freundschaft und Feindschaft haltend, wie es sich eben traf. Hier wehte schärfere Luft als in den wohlbehütet patrizischen Altstädter Mauern. Originale gab es ja auch dort. Bei uns aber tauchten die rüden Überraschungen auf. So war es immer gewesen, seit Menschengedenken. Ich erinnere mich noch an das »alte« Stephansgymnasium, das in einem Privathaus untergebracht war – mit einem großen, halbverfallenen Garten, in dem wir es zur Pausenzeit toll trieben. Dann stürzte wohl manchmal der alte, kleine, stämmige Direktor Chevalier aus seiner Kanzlei und schrie uns an – völlig ungefährlich; denn er glänzte dabei vor Lachen unter seinem weißen Gelehrtenhaarbusch: »Ich spirr euch ein, daß euch die Schworten krochen!« Was diese Redensart bedeutete, ob sie mit dem westschweizerischen Ursprung des berühmten Philologen zusammenhing, das haben wir nie herausbringen können. Wir kümmerten uns auch nicht darum; denn den gutartigen Choleriker nahm keiner ernst.

Als ich in die Tertia kam, also dreizehn Jahre alt war, gab es den Umzug ins neue Haus. Gleichzeitig einen neuen Direktor, Herr Augustin Raxenhofer. Er war in allem das Gegenteil des dicken Chevalier: stramm, unnatürlich mager, ein Pedant, hinter dessen öligen Phrasen menschenfeindliche Arglist hervorblinzte. »Vernunft, ruhige Überlegung!« das waren seine Lieblingsworte. Er knarrte sie mit militärischer Präzision bei jeder möglichen und unmöglichen Gelegenheit hervor, in steif aufrechter Haltung, ein Stock, gänzlich gefühllos, mechanisch.

Gleich seine Antrittsrede, die er in jeder Klasse hielt, handelte von dieser »ruhigen Überlegung«. Und so ging es bis zu den Kundgebungen, die sich auf Patriotismus, Einhaltung der heiligen »Disziplinarordnung« bezogen, aber auch auf jede Nichtigkeit, wie die peinliche Reinhaltung der Korridore und »Anstandsorte«, die Vorschriften beim Ausleihen der Bücher aus der Schülerbibliothek und das Grüßen der Lehrpersonen durch Hutabnehmen und Kopfneigung um dreißig Grad. »Bei Vernunft und ruhiger Überlegung werden sie selbst einsehen, daß es mit dem Bekritzeln der Schulbänke so nicht weitergeht. Ich werde das von nun an mit Karzer bestrafen. Es ist Beschädigung kaiserlich-königlich ärarischen Eigentums, merken Sie sich das!« So wurde uns zu unserem Mißvergnügen der Schimmel täglich in aller Pracht vorgeritten. Und zu nicht geringem Trost gereichte es uns, daß bald nach Raxenhofers Amtsantritt Gerüchte umgingen, die aus dem sonst streng versperrten Professorenzimmer sickerten: Zwischen dem neuen Direktor und Síreks salopper Jovialität sei es zu heftigen Zusammenstößen gekommen. Bei einem Schülerbegräbnis (ein Kollege der höchsten Klasse hatte sich erschossen) kam der schwelende Konflikt zum Ausbruch. Raxenhofers Rede am offenen Grab gipfelte in die Worte: »Und so müssen alle Anwesenden zugestehen – bei Vernunft und ruhiger Überlegung hätte der Zögling Ambros einen andern Ausweg als den Selbstmord gefunden.« Das war selbst für den begrenzten Schülerverstand zu stark. So unreif wir waren – daß da irgend etwas nicht stimmte, merkten wir schon. »Ich betone daher nochmals«, knarrte die Schraube: »Überlegung, Vernunft!« Hier ließ Sírek seinen breitbebänderten Trauerzylinder fallen. Mehr wagte er nicht. Aber die Bewegung und das dumpfe Geräusch genügten, Blicke der Kritik in alle Gesichter zu zaubern, da und dort auch ein betrübtes Grinsen.

Vikmath hat später die Friedhofsszene oft gespielt, die Physiognomien der einzelnen Professoren vorgeführt, die Aussprüche der Klassengrößen. Wie etwa Hummels Charakterworte nasalen Klangs, auf dem Heimweg geäußert: »Ärarischer Alpen-Volltrottel« – mit denen der Fall Raxenhofer für uns endgültig erledigt war.

So wenig wie den neuen Direktor liebten wir das neue Haus. Es war ja blitzsauber, schien sich sogar irgendwie um unser Wohlbehagen, unsere Gemütsergötzung zu bemühen – aber wie täppisch! Diese Ungeschicklichkeit konnte nicht verziehen werden, machte allen guten Willen unwirksam. Ungeschickt und fahl hingen die Bilder im Stiegenhaus, an den Wänden der Korridore. Es waren gar keine Bilder, es waren vielmehr: »Lehrmittel«, und so hießen sie denn auch, so sahen sie aus, jene unsagbar faden Panoramen etwa, in denen zu unserer Belehrung Gletscher, Berge, Hügel, Buchten, Halbinseln, eine Deltamündung, ein Haff und ähnliches dargestellt waren, all das zusammengedrängt und engbrüstig, um möglichst viele verschiedene geographische Naturformen in derselben Landschaft zugleich anzubringen – oder die so prosaisch lehrhafte Tafel der eßbaren Pilze und daneben die der Giftschwämme.

Auf unerklärliche Art war die abgebrauchte Luft vieler alter Schulstuben, etwas, was an billigen Pfeifentabak erinnerte, in das neue Gebäude gleichsam von vornherein miteingebaut, machte sich feineren Nasen sofort bemerkbar, geisterte in den öden Gängen, umschleierte die funkelnagelneue kreideweiße Gipsstatue des Kaisers Franz Josef wie die beiden renommierenden Riesentableaux, die das »Konferenzzimmer« flankierten: die erste Eisenbahn zwischen Stockton und Darlington und die grausame »Alexanderschlacht«, auf der ein gefühlloser Jüngling einem andern Menschen einen überlangen Spieß ins Herz stößt, was jener andere in vergleichsweise unbeteiligter Haltung entgegennimmt, während die ihn Umgebenden still wehklagend die Hände heben. Dieses in der Tönung wie in den Gesten unnatürlich gedämpfte, doch gerade deshalb nur um so brutaler wirkende langweilige Bild schien uns, ohne eigentliche Absicht seinerseits, aus purer Dummheit, die Leiden und Ungerechtigkeiten zu versinnlichen, denen wir Schüler hier ausgesetzt waren. Für einige wurde es später zum Symbol aller Absurditäten menschlicher Existenz. Ein leises Weinen schien als Grundmelodie die uns bestimmten Räumlichkeiten zu durchziehen. Es war trotz seiner Tonschwäche durchdringender als das Toben ungebändigter Jugend in den Sälen, auf den Treppen. War es das Todesjammern eines untergehenden Riesenstaates, der einst seinen großen Sinn gehabt hatte, jetzt aber unaufhaltsam im Abstieg begriffen war? Dieses kaum erst geahnte Abstieghafte der Habsburg-Monarchie verdichtete sich für meinen Sinn vor allem im traurigen Licht, das die blaßgelben Glasscheiben des großen Hofportals warfen – dieselbe abscheuliche verblichene Farbe gab es auf den Fliesen des Fußbodens in der Aula. Wer hatte sie erfunden, welches offiziell donauländische Gemüt hatte sich in diesen gleichgültig absterbenden, gleichsam luftschnappenden Nuancen verwirklicht, die ohne Grazie, ja gemein waren und trotz ihrer Zartheit barbarisch wirkten. Wie fröhlich hatte zu Radetzkys Zeiten das Gelb innerhalb der österreichischen Feldzeichen und Wappenfarben, innerhalb des alten Schwarz-Gelb, ins Orange hinübergespielt! Das war vorbei. Krank und alltäglich hatte das Gelb nun einen peinlich rosig-süßlichen Schimmer angenommen, etwas Fröstelndes. Selbst im Neubau hier sah es schon alt und abgelebt aus, freilich durchaus nicht etwa ganz unkräftig und vor allem gar nicht harmlos; wie denn der alte spanisch-deutsche Riesenstaat sich immer noch bei Millionen in Respekt zu setzen und gelegentlich seine Adlerklauen zu zeigen wußte.

Von all diesem nun als Hintergrund hob sich unser tägliches Gymnasiastendasein ab. Es ging vielmehr in ihn über und verschwand in ihm.

Gerade der Unauffälligsten einer und in dieser Äußerlichkeit dem alten Österreich Angepaßten schien Vikmath zu sein. Zumindest auf den ersten Blick schien es so. Zu den »Schlechten« in der Klasse gehörte er nicht, obwohl er in einer der letzten Bänke saß, nicht weit von Ebenhöh, dem Repetenten, um den es schon ganz eigentümlich von Mannbarkeit roch, und auch nicht weit von Bienenfeld, dem man nachsagte, daß seine Eltern in einer tschechischen Provinzstadt ein sogenanntes »toleriertes Haus«, klarer gesagt: ein

Nachtcafé mit Damenbedienung, noch klarer (so wurde es uns allmählich zu Gemüte geführt): ein »Buff« unterhielten. Diese beiden Riesenkerle, Christ und Jude einmütig, hatten auf jegliches Lernen und Weiterstreben längst radikal verzichtet. Ebenhöh wurde nur geduldet, weil einflußreiche Verwandte sich jedesmal verbürgten, er werde im nächsten Schuljahr nicht mehr erscheinen. Auf diese Art brachte er es schließlich doch zu Universitätsstudium und zu einer hohen Staatsstelle in der Staatshalterei. Bienenfeld dagegen verschwand bald im Orkus der Mittelschüler, im mehrfach wiederholten Sitzenbleiben. Einzelne wollen ihm dann in ihrem Erwachsenenleben als einem reichen, immer dummschlau lächelnden Bordellbesitzer begegnet sein.

In der Klasse wurden diese zwei »ultimi« gar nicht als Menschen angesehen. Sie kamen uns eher wie eine besondere Spezies wilder Tiere vor, denen nur wie hinter Gittern, auf die ihnen eigene Weise zu begegnen war. Mit diesen also hatte unser Vikmath selbstverständlich nicht das geringste gemein. Aber auch zu ihrem Gegenpol, den »Vorzugsschülern«, konnte man ihn nicht zählen, und zu den Gleichgültigen, Mittelmäßigen ebensowenig. Er war ja zweifellos ein guter, fleißiger Schüler. In manchen Gegenständen (vor allem in Latein und Griechisch) entsprach er sogar weit über die gestellten Anforderungen hinaus. Am ehesten hätte man ihn als »Fast-Vorzugsschüler« bezeichnen können. Die Linie nämlich, durch deren Überschreiten man zum Vorzugsschüler wurde, war von der Obrigkeit sehr genau und auf ausgeklügelte Art gezogen. Und das hing mit dem ganzen System zusammen, nach dem wir klassifiziert wurden. In der Vorschule, Volksschule genannt, hatte man unsere Leistungen mit Ziffern von eins bis fünf bezeichnet. Diesem Brauch, der uns von unserer Gymnasialpforte aus schnöde und trivial erschien, war die vornehmere Charakteristik durch Eigenschaftsworte gefolgt. Statt 1 hieß es nun »vorzüglich«, statt 2 »lobenswert«, und so absteigend: befriedigend, genügend, nicht genügend. Gerüchtweise sollte es auch noch ein »ganz ungenügend« geben. Aber das war wohl eher eine Verfluchung, ein Donnerstoß, als eine Note für zivilisierte junge Herrchen. Im Alltag kam diese großartige Hinrichtung und Verdammnis unserer Erfahrung nach nicht vor. Vage hieß es allerdings, daß Ebenhöh einmal durch solch einen »Sechser« gebrandmarkt worden sei. Aber schwarz auf weiß hatte das niemand gesehen.

Merkwürdigerweise wurden überdies die Fünfer oder »Nichtgenügend«, wohl auf Grund irgendeiner längst verschollenen Schulordnung, auch »Zweier« genannt. Und von einem Professor, der diese schlechtesten Noten reihenweise austeilte, hieß es an Tagen des Unmuts: »Heute zweiert er.« Das auszeichnende Adverb nun, man habe ein Semester »mit Vorzug« absolviert, bekam man, wenn das Zeugnis durchschnittlich »lobenswert« als Klassifikation aufwies. Das heißt: man konnte auch ein oder zwei »befriedigend« haben, wenn dieses Übel durch ebenso viele »vorzüglich« in anderen Gegenständen ausgeglichen wurde. Während ein »genügend« allerdings auf keine Art mehr kompensiert werden konnte. Es gab bei dieser fein ausgewogenen Zählmethode noch einige weitere Komplikationen im Hinblick auf Sitten- und Fleißnoten, Freigegenstände usw. Doch bedürfen wir ihrer Darstellung hier nicht mehr, um uns endlich den wohlfundierten

Einblick in die Tatsache zu verschaffen, daß Vikmath bei jedem Semesterabschluß um ein oder zwei Schritte unterhalb des geforderten Zensus zurückblieb. Er hatte beispielsweise zwar in *einem* Gegenstand ein »vorzüglich« aufzuweisen, jedoch aus zwei anderen je ein »befriedigend«. Damit oder mit ähnlichen Kombinationen ging er jedesmal haarscharf an der von andern so begehrten »Auszeichnung« vorbei. Tiefer aber als in die Schicht des Beinah-Vorzugsschülers sank er auch nicht herab. Dazu war er zu begabt und eifrig. Diese Schicht bewohnte er übrigens als einziger. Denn war ein anderer dem »Vorzug« so nahe, so hob er sich meist durch eine letzte entscheidende Anstrengung noch über die Barriere weg, beseitigte das Hindernis – oder er verlor alles Interesse an der Klassifikation und wurde dann rasch zu den »Mittleren« hinabgeschwemmt, denen eine ganze große Stufenleiter von Graden bis an die lichte Oberfläche der Klassenvirtuosen hin fehlte. Vikmath aber blieb knapp unter dieser Oberfläche schwimmen, als wolle er andeuten, daß ihm gar nichts am Glanz und an der Sichtbarkeit liege, daß es ihm vielmehr nur um die Sache selbst, um das Wissen, nicht um dessen Belobung und Belohnung zu tun sei.

In solch gewollter Form, die etwas Seltsames in sich schließt, bietet sich das ganze Verhältnis übrigens nur dem rückschauenden Blick. In unmittelbarer Gegenwart trat nichts Rühmliches hervor, es entstand eher der Eindruck des Linkischen, des Mißgeschicks, das unseren Vikmath zu verfolgen schien – freilich ohne daß er das irgendwie wichtig nahm. Diese besondere Abart des Heroismus aber beachtete man nicht. Daß hier ein überaus feiner, von Grund anständiger Mensch alle

Winkelzüge verschmähte, durch die man den »Profen«, auch den gewitztesten, imponieren konnte, so daß man die gewünschte Note schließlich doch bekam – das schien niemand zu bemerken.

In dieser Hinsicht war es um eine andere Gruppe, an deren Spitze der elegante Hummel, unsere »Dorette«, stand, ganz anders bestellt. Auch hier war man weder unter die »Guten« noch unter die »Mittleren« oder »Schlechten« einzureihen, man kam gleichsam mühelos fort, wurde selten geprüft, hatte »Protektion« und pfiff auf den »Vorzug«. Aber dieses Pfeifen wurde betont, es war eine geradezu triumphale Musik. Der Repetent Ebenhöh lernte aus Faulheit nichts. Hummels Gruppe dagegen bezeugte durch Nichtlernen der ganzen Schulwirtschaft eine maßlose Verachtung, war stolz auf ihre »Zweier« wie auf wertvolle Errungenschaften, sah auf die Kleinbürgerwelt von oben herab, näselte sie an die Wand. Zur Fraktion dieser Snobs (wie wir sie in späteren Jahren genannt hätten; damals freilich war uns das Wort unbekannt) gehörte der talentvolle Max Horb, der sich schon im Gymnasium als Maler hervortat, ferner zwei oder drei andere Jungens, die nur durch guten Wuchs, hübsche Gesichter und forsches Benehmen bemerkenswert waren. Alle stammten aus reichen Familien. Ihre Schulbücher gaben sie beim Verlassen des Lehrhauses in der Wohnung des Schuldieners ab (was streng verboten, gegen ein Trinkgeld jedoch leicht durchführbar war), dann spazierten sie gleich als freie Gesellen, natürlich mit Zigarette und Stöckchen, die dem gleichen Depot entnommen waren, frischweg auf den Korso, um mit den hübschen jungen Damen zu kokettieren, oder suchten ihr Vergnügen auf Tennisplätzen und in Ruderklubs.

Man kann wohl feststellen (ob lobend oder tadelnd, weiß ich nicht), daß sie sich in gewisser Hinsicht erwachsener benahmen als der Rest der Klasse. Nicht auf den ersten Blick verständlich, daß Vikmath gerade mit diesem ihm scheinbar so entgegengesetzt gearteten Klüngel in einiger Verbindung war. Jedenfalls stand er gerade dem hochmütigen Dandy-Kreis, ihm an sich so unähnlich wie möglich, doch irgendwie näher als anderen in der Klasse, näher damals auch als mir, der ich – nun bringe ich mich wohl um allen Kredit; denn was ich nun zu beichten habe, widerspricht gleichsam der geheiligten Überlieferung des in so vielen Fällen ganz anders hervortretenden dichterischen Jugendtreibens –, der ich (es sei gesagt) immer »Vorzugsschüler« und meist sogar der Beste der Klasse, der »Primus«, war. Als solcher, in einer allerdings unoffiziellen und von keinem der Oberen bestätigten Würde, war ich in den Augen der Mittelschüler eine Art Respektsperson. Auch hatte ich als einziger das Privileg, keinen Necknamen zu tragen; höchstens daß man meinen Namen durch ein angehängtes »-os« gräzisierte. Gerade Vikmath nannte mich öfter so: »Brodos, wir könnten ein paar Kapitel Livius miteinander durchnehmen, die nächste Lektion ist schwer.« Da kam er denn in meine Wohnung, ganz ausnahmsweise, wie er denn allen gegenüber in seiner konnivent-unbetonten, gewissermaßen freundlichen Isoliertheit beharrte.

Nur gerade dem Dandy-Kreis gegenüber nicht – so schien es. Bei Hummel und Horb war er jeden Nachmittag; dabei behandelten sie ihn in der Schule mit größtmöglicher Impertinenz, schwuren, ihn durchzuprügeln, wenn er ihnen nicht einsagte – was er denn auch nach Kräften prästierte. Spaßeshalber, aber mit unangenehmem Nachgeschmack riefen sie ihn: »Reb Freud!« Es war nämlich hervorgekommen, daß Freuds Vater in dem kleinen Landstädtchen, aus dem er ihn nach Prag studieren geschickt hatte, das Amt eines Rabbiners oder sonstigen Beamten der Kultusgemeinde innehatte. In Prag lebte der blasse Junge von den spärlichen Unterstützungen, die der Vater eben noch erschwingen konnte, in wachsendem Maße aber selbständig, auf die eigene Kraft angewiesen. In seiner Armut lag auch des traurigen Rätsels Lösung, die Erklärung seiner eigentlich widernatürlichen Anhänglichkeit an die Stadtpark-Protzen. Er war bei ihnen Hauslehrer, gab Nachhilfestunden in den Fächern, in denen sie »am Durchfallen« standen – also so ziemlich in allen »außer in Turnen und Gesang«, wie er mir einmal sagte.

Fühlte er sich in dieser Stellung erniedrigt? Es war ihm nichts Derartiges anzumerken. Er schien immer gleichmäßiger guter, nie übermütiger Laune, ging seines Weges, unbeirrt. Übrigens stieg gerade in jener Epoche, überraschend genug, sein Stern – das war damals, als wir, erst schüchtern, dann eifriger dem Kneipwesen zu dienen begannen, das sich damals auf eine häßlich großtuerische Art unter uns durchzusetzen begann.

Wir hatten eine »Blase« gebildet, eine Mittelschülervereinigung ohne besonderen Zweck, wahrscheinlich nur, weil die Disziplinarordnung es verbot. Geselligkeit hieß das Motto und Frohsinn dazu! An allen Prager deutschen Gymnasien gab es solche geheimen Blasen. In einigen begannen schon Couleurstudenten der Universität als Gäste zu erscheinen und die ihnen reifer Dünkenden für ihre Verbindungen mit den blauen, grünen oder weißen Mützen politisch zu bearbeiten, zu »keilen«, wie man das nannte. Doch davon war bei uns noch nichts zu finden. Wir waren harmlose Septimaner; die Abende trugen, mochten wir selbst uns dagegen auflehnen, von Natur aus die Züge schlichter Kollegialität und Herzlichkeit. Man erholte sich einmal im Monat oder in sechs Wochen von den Plackereien der Schule, fühlte sich zusammengehörig und dabei ohne den direktoralen Zwang der »Vernunft und ruhigen Überlegung«. Wir tafelten abends im Saal des alten »Handwerkervereins«, eines halbverfallenen Gebäudes im Stadtzentrum (ein Gärtchen daneben, mit Kegelbahn, hatte sich wie aus Vergeßlichkeit zwischen den hohen Häusern erhalten). Wir tranken Bier, sangen das »Gaudeamus«, »Wer kommt dort von der Höh« und andere Kommerslieder. Der Komment wurde in kindischer Nachahmung studentischen Brauchs eingehalten, was zu den üblichen Scherzen, dem »Bierjungen«-Schimpf, In-die-Kanne-Steigen und Extrinken, führte. Die Schalheit dieser Szenen machte sich rasch fühlbar. Man trug daher Scherzgedichte vor, ein Einakter mit Gesangseinlagen wurde riskiert. Der beginnenden Langeweile dieser Zusammenkünfte setzte Vikmath ein Ende, indem er völlig unerwarteterweise mit einer Begabung hervortrat, die zündend wirkte und die gerade bei ihm niemand geahnt hätte: Er erfand kleine Szenen, bei denen er unsere Professoren nachmachte. Da war des Jubels und Beifalls kein Ende. Mit einem Schlag rückte der verborgene Seelenkenner Freud, der sich übrigens auf keinem andern Gebiet der Schauspielkunst außer auf diesem betätigte, in den hellen Mittelpunkt unserer Schar. Überflüssig zu sagen, daß er den plötzlich ihm in den Schoß fallenden Ruhm in keiner Weise ausnützte, daß er jedesmal nach Schluß seiner Darbietungen, wenn der Applaus verhallt war, bescheiden und behaglich in sein Halbdunkel zurücktrat. Ehrgeiz war ihm durchaus fremd.

Es war vielleicht nicht nur die in diesem Punkt so fein erfinderische Art, es war das Thema selbst, das ihm den Erfolg brachte. Unsere Professoren interessierten uns eben maßlos, ja, auf eine besondere, geradezu verbissene Weise – und warum wohl? Weil sie uns völlig unzugänglich waren. Sie blieben, altem Herkommen gemäß, unnahbar. Von ihrem Privatleben wußten wir nichts. Wir sahen sie nur während der Schulstunden. Nachher verschwanden sie in fernen Gegenden der Stadt, in Vororten, in denen niemand von uns wohnte. Niemand wußte, wie es bei ihnen zu Hause aussah oder wie sie ihre Freizeit verbrachten. Frau, Kinder, Verwandte hatten sie für uns nicht. Freischwebend, Leuchtkugeln in einem unbetretbar abgeschlossenen Raum, zogen sie an unseren Blicken vorbei, wenn gleichsam der unsichtbare Vorhang vor dem Klassenkatheder wie vor einer Bühne aufging. Trotz aller Nähe blieben sie meilenfern – die rechte Situation für Legendenbildung. Die Atmosphäre des Außerordentlichen lag um unsere Schicksalsgötter – das waren sie, auch wenn wir sie verspotteten –, sie wich nie einem kleinlich indiskreten »Blick-durchs-Schlüsselloch«-Gefühl. So war auch Vikmaths große Szene »Professor Sírek beim Schachspiel«, trotz ihres scheinbaren Realismus, eigentlich so etwas wie ein Sagenkranz. Anekdoten, von Generationen früherer Stephanesen überliefert, wurden von Vikmath geschickt in seine Moritat mitverwoben. Da gab es etwa die Geschichte vom vergessenen Logarithmenbuch. Ohne Logarithmenbuch in die Mathematikstunde zu kommen, war bei Sírek ein Kapitalverbrechen. Unklar, warum ihn dieser unbedeutende Ordnungsverstoß so erzürnte, bis zu geradezu kindischer Wut reizte – aber es war nun einmal so. Das kleine Hilfsbuch, das nicht einmal in jeder Stunde benötigt wurde, mußte man wie bei einer Paßvisitation immer vorzuzeigen gefaßt sein. »Sso, sso, Logarithmenbüchel habens zu Hause vergessen? Aber, mein liebes Kind, da kriegens ein patentes Nichtgenügend – ohne Knad und Barmherzigkeit.« Nun geschah es, daß einer, der ohnehin sehr schlecht stand, ein rechter »Schwachmathikus«, dem dieses eine »Nichtgenügend« den Gnadenstoß versetzt hätte, sich in seiner drangvollen Lage aufs Weinen verlegte. Tränen konnte Sírek nicht widerstehen. Doch von seinem eisernen Prinzip abzugehen – das war gleichfalls eine Unmöglichkeit. In seiner Not polterte der Gute los: »No hörens auf – das ist ja ekkelhaft – da, kehns hinüber zum Dlouhy – kaufen sich ein neues Büchel – kan Geld hamms – da, mein liebes Kind, nehmens die paar Kreuzer von mir, aber rasch, verschwindens schon um die Eck!«

Auch die andere Geschichte machte Síreks weichem Herzen alle Ehre. Man war vor der Matura in seine Wohnung gekommen, knapp vor der großen Schlußprüfung, die den Lehrgang nach acht Jahren abschloß – es war ja Sitte, daß bei dieser feierlichen Gelegenheit, ein einziges Mal nur in jedem Schüleräon, der abwehrende Ring durchbrochen und der Lehrer von einer Schülerdeputation besucht wurde, die ihn formell um sein Wohlwollen in diesem letzten entscheidenden Stadium ersuchte. Sírek war nicht zu Hause. Seine

Frau empfing die Schutzflehenden. »Aber meine Herren« (selbstverständlich sprach sie in unserer Überlieferung genau den Dialekt ihres Mannes), »mein Mann is ja aufgerägter als Sie. Er kann überhaupt nicht schlafen. Ich winsch mir schon überhaupt nix, als wenn nur diese Täge schon vorüber wären.« Vikmath hatte diese und viele andere Episoden zu einem großen Sírek-Monolog zusammengeklittert. Sírek saß einsam über einem Schachproblem, meditierte, ließ sein ganzes Leben an sich vorüberziehen, die Erfahrungen mit guten und bösen Schülern; all dies – laut denkend, wobei Konjunktive der kühnsten Art einander überkullerten. Wir konnten nicht müde werden, diesen Mimus immer wieder zu hören. Bei jeder Kneipe mußte er wiederholt werden, als wäre in uns unausgesprochen das Empfinden wach, daß mit Freuds Darbietungen doch wenigstens ein Funken Geist in unsere Zechunterhaltungen eintrat, die sich ohnehin nur einem alten Brauch folgend in dieser Kneipenform abspulten – man glaubte eben, es ginge gar nicht anders.

Doch der Sírek-Auftritt war noch gar nicht Vikmaths Glanzeffekt. Er übertraf ihn durch Porträtierung unseres Lateinprofessors. Alles horchte auf, alle Augen leuchteten, wenn der Schläger krachend aufs Tischtuch niederfuhr und dazu der Kommandoruf des »Fuchsmajors« erscholl: »Silentium für Vikmath. Es steigt die Szene: Gajus Servilius Ahála!«

Wer war dieser Ahála? Über den ganzen Erdrund hin längst vergessen (er hatte ihn mit seiner geringen Bedeutung nie ernstlich erschüttert), stand Ahála infolge eines seltsamen Zufalls einzig und allein nur noch am Prager Stephansgymnasium seit Dezennien im Licht höchst intensiver Lebendigkeit. In verhallter

Vorzeit hatte Ahála einst einen Römer, der nach Alleinherrschaft strebte, getötet. Cicero beruft sich auf sein Beispiel als auf das einer schon in seinem, Ciceros, Zeitalter längst historisch gewordenen Gestalt. Solches geschieht in der ersten Rede gegen Catilina, gleich am Anfang, und zwar in der klassischen Form der »Figur der Verschweigung« oder der »Aposiopesis«: Cicero zitiert ihn durch Nichtzitieren, hebt ihn durch elegantes Wegschieben um so bedeutsamer hervor: »Denn über jenes allzu Alte will ich hinweggehen, wie Gajus Servilius Ahála den Spurius Maelius, der nach Neuerungen strebte, mit eigener Hand niedergestochen hat.«

Nun hatten die Obergymnasiasten die leidige Gewohnheit, den Namen des würdigen Tyrannenmörders mit dem Ton auf der ersten Silbe zu versehen, ihn daktylisch auszusprechen. Das aber konnte Professor Kornhäuser auf den Tod nicht vertragen. Und nachdem er wiederholt den Fehler verbessert hatte, brüllte er eines Tages – die blauen Wasseraugen wild aufgerissen –, über Wangen und Glatze rot anlaufend, so daß das dicke Gesicht zu platzen schien, den verdutzten Prüfling an: »So sagen Sie doch endlich geradezu Ahaaaaala!« Seither hieß der Professor nur Ahála – in der richtigen Betonung. Mit Selbstverständlichkeit ging das Wort in den Sprachschatz der nachrückenden Generation ein; es gab gar keine Wahl. Unter allen Professorenspitznamen blieb gerade dieser der einzige, der ausnahmslos im Gebrauch war – neu eintretende Grünschnäbel meinten manchmal, der Professor heiße wirklich Ahála. Rasch wurden sie belehrt; denn zum Unterschied von unseren anderen Erziehern, die die ihnen anhaftenden Gerüchte und Neckereien nicht übelnahmen oder, wie der arglose Sírek, gar nicht kannten, verfolgte Kornhäuser, der zwar ein tüchtiger Lehrer oder Einpauker, aber wohl etwas beschränkt war, hartnäckig jeden, der es ihm gegenüber auch nur andeutungsweise am schuldigen Respekt fehlen ließ. Die ganze Klasse hielt daher den Atem an, wenn der Anfang der »Oratio prima in Catilinam« gelesen wurde. Daß nur ja keinem die falsche Betonung entschlüpfe, daß das ominöse Wort nur möglichst unbetont, unauffällig ausgesprochen wurde, daß nirgends ein Lächeln auf die Lippen trete. Ahála wälzte seine großen blaugrauen Augen heraus, ließ die Blicke beobachtend-lauernd über alle Gesichter streifen. Wenig beneidet wurde, wer gerade bei dem gefährlichen Satz »dran war«. Es galt, unbefangen über ihn wegzugleiten, während alle, der Lehrer wie die Schüler, gespannt lauschten. Endlich vorbei – und man durfte nicht einmal erleichtert aufseufzen.

Etwas beschränkt war er wohl, mein lieber Lateinprofessor, der mich von der Tertia bis zur Oktava geleitet hat – aber eine treue Seele, ein Arbeiter, der seine Sache ernst nahm, ein tüchtiger Schulmann, der sich fest entschlossen zeigte, uns die nicht geringen Kenntnisse, die er besaß, mit äußerstem Nachdruck einzubleuen. Es war gerade dieser emphatische Nachdruck, sein besonderer, in aufschnellendem Pathos trompetender Ton, der sich Vikmaths Imitationskunst lecker und verlockend darbot. Die Szene begann regelmäßig damit, daß Ahála auf die bekannte charakteristische Art ins Kneiplokal, das sofort zum Schulzimmer wurde, jäh hereintrat – den Kopf gesenkt, wie einen Rammbock, wie den aries der römischen Legionäre, der die Mauern erschüttert. »Nehmen Sie Ihre Theke zur Hand und schreiben Sie!« rief er eifrig, noch von der Türe aus, wobei er die nach oben geöffnete Hand weit vorstreckte, eine Geste überzeugender Rhetorik –, und überraschte uns durch eine seiner bis zur Sinnlosigkeit knappen Charakteristiken, die er irgendeinem alten Schulkommentar entnommen hatte und einfach weitergab, ohne Diskussionen, kategorisch. »Schreiben Sie auf: Anna, Didos Schwester, ein Weib gewöhnlichen Schlages!« Fertig. Damit schien ihm alles gesagt. Das mochte später einmal bei einer Prüfung gefragt und geantwortet werden. In Ordnung. Das Heft war zuzuklappen und die Lektüre von Vergils »Aeneis« konnte fortgesetzt werden. Ein andermal hieß es: »Ich kann Sie aus dem Gymnasium nicht entlassen, ohne Ihnen folgendes zu sagen – nehmen Sie Ihre Handschrift und schreiben Sie: Horaz war der größte Dichter der Römer –«, und nun nach kurzer Pause, Wort für Wort geradezu knallend vor Nachdruck: »nicht, sondern – Catull!« Er plagte uns nicht mit Zweifeln, gab gerundete Weisheit in Pillenform. So etwa bei Abfragen lateinischer Versmaße in der Oktava: »Wie, Sie wollen in das praktische Leben hinaustreten und wissen nicht, was eine archilochische Strophe ist?« Immerfort wiederholten sich die gleichen Hinweise, auf die er, als seien sie Gipfel der Erkenntnis, mit schärfsten Akzenten Wert legte. »Tum demum, wie übersetzen wir das, nun Bubenícek? – Griechisch: Entha de – deutsch: Da vollends.« Die Silben dröhnten. Es war die richtige, die einzig richtige Einleitungsformel bei Eintritt einer Katastrophe. Und für ein Wort wie »defessi« – vom Schiffbruch ermüdet – suchte er immer neue, immer stärkere Verdeutschungen, bis er mit dem Wort, das er längst vorbereitet hatte und das wir schon aus Anmerkungsheften der Vorjährigen genau kannten, sieghaft anrückte, die ein wenig verglasten Augen in wilder Begeisterung hervorgewälzt: »Sagen Sie geradezu: aus-ge-laugt.«

Ja, komisch genug war er, unser Ahála, mit seinem großen Kopf, der funkelnden Glatze, die er gern mit flacher Hand wie in Selbstliebkosung überstrich, mit dem zierlichen Fleischwärzchen an der Spitze der Stumpfnase, welch letztere besser in das Gesicht eines herrschaftlichen Lakaien oder eines epikuräischen Gourmands zu passen schien als in das eines österreichischen Mittelschullehrers »achter Rangklasse«, komisch genug war seine ganze zopfige, betuliche eigensinnige Art, und doch lag auch etwas Rührendes in seiner Genauigkeit, in seiner Sorge um den absolut treffenden sprachlichen Ausdruck und um das genaue Verständnis der »Realien«, wie er es nannte – und womit das ganze römische Tagestreiben von den Hochzeitsbräuchen bis zum Grabe, von den Arten der Buchherstellung bis zur Kriegskunst gemeint war. Da gab es kein Schwindeln; jeder unserer verwaschenen, nicht auf Sachkenntnis ruhenden Phrase kam er listig, ja, wie es uns schien, heimtückisch auf die Spur. Mißtrauen charakterisierte den alten Junggesellen, lag in seinem lauernden Blick. Wir versuchten daher, ihm eine zänkische Haushälterin, eine Ahaline, anzudichten. Da aber versagte unsere Phantasie. Nur Vikmath verstand es, sogar Ahaline auf der Bühne für Augenblicke lebendig zu machen – den Professor selbst aber gab er in seiner ganzen lebensvollen Breite und vielfältigen Gemischtheit, als koboldhaften Quasi-Freund, wenn man so sagen kann, umgeben von einem knisternden Element, in dem Liebe und Haß der Betroffenen kämpften. Ja, das war echt, war unser Ahála, der uns mit tausend technischen Details triezte – wie haben wir über Cäsars Rheinbrücke geseufzt! –, aber wir lernten doch auch, ob wir wollten oder nicht, ein ordentliches Stück Altertum kennen. Wie eine nicht ganz unwürdige Erinnerung an alte deutsche humanistische Gelehrsamkeit, etwa aus der Zeit Lessings, wandelte er durch die Klassenzimmer; nicht Lessing selbst, der feurig blitzende, wurde dabei beschworen, aber zumindest Lessings Umwelt, die pedantischen Stiftsrektoren und »antiquarisch« interessierten Geheimräte jener alten Tage, in denen die Gymnasiasten noch angehalten wurden, lateinische Verse zu schreiben – und deutsche Aufsätze in der Form einer »Chrie«: Quis, quid, cur, contra, simile, testes. Erst viele Jahre später wurde mir klar, daß wir in Ahála gerade noch auf den letzten Ausläufer einer ehrwürdigen, barocken, soliden, jetzt längst verrauchten Schulmeisterei mit allen ihren Fehlern und Vorzügen gestoßen waren. Es sei vermerkt, daß einmal – gewissermaßen ohne unser Zutun – etwas von dieser längst verwehten Atmosphäre für einen unvergeßlichen Augenblick ganz lebendige Gestalt gewann. Wir hatten einmal erfahren, wann Ahála Geburtstag hatte – ein Quartett hatte daraufhin in unseren Gesangsunterrichtsstunden die Strophen des Horazischen »Integer vitae« eingeübt. Sie sind seltsamerweise von irgendeinem alten Meister in Form eines strengen Chorals komponiert – wohl um der gewichtigen und hochethischen Anfangsstrophen willen –, und selbst die leichtsinnige Buhlerin Lalage, die zuletzt in den Textworten auftaucht, kann wider den Ernst dieser festlichen Musik nicht ankommen. Als Ahála früh die Klasse betrat, bestiegen die vier Schüler, nicht wenig erregt, das Podium und begrüßten ihn mit der klassisch-feierlichen Musik. Gerührt nahm er die Huldigung entgegen. Für ein Weilchen (ein Weilchen nur) verlor er das gewohnte Gleichgewicht. Aus dem Dunkel der Zeit, aus dem Chor der humanistisch-dekorativen Kirche war gleichsam die wahre altertümliche Gestalt dieses Schulhelden, eines Gottsched in seiner Allongeperücke, hervorgetaucht, um gleich nachher wieder im Alltagsstaub einer Übersetzungsstunde zu verschwinden. Doch dem Gefühl nach wurde uns etwas dergleichen in dem putzig-liebevollen Konterfei lebendig, das Vikmath auf die Beine stellte. Es war erstaunlich, wie in seiner Darstellung diese und noch unzählige andere, exquisite Nuancen facettenhaft-humorig durcheinanderleuchteten.

Von dem Außerordentlichen der gebotenen Charakterstudien wurden, ohne daß wir uns darüber klar waren, unsere besten Geisteskräfte in Heiterkeit gelöst, entfesselt. Dionysisch steigerte sich die Stimmung. Hier brach, die lächerliche Nachäffung eines quasi-akademischen Zeremoniells sprengend, irgend etwas Wesentliches, echte Jugendlust durch, erste Ahnungen der schöpferischen Unendlichkeiten, die vor uns lagen – vor uns wie, der Möglichkeit nach, vielleicht vor jedem jungen Menschen, der sich nicht selbst verdirbt.

So fühlten wohl manche von uns, daß es mit Freuds Schauspielerei, mit diesem Hervortreten des sonst so stillen Menschen, eine eigene Bewandtnis haben mußte. Wollte er uns bloß in seiner Güte eine Freude machen, uns die Angst vor den »Profen« wegzaubern, die uns morgen um acht Uhr früh schon wieder quälen würden? Oder mußte er sich selbst von einer Last befreien? Von seiner ewigen Selbstbeherrschung, seinem Sichselbstzurückstellen? Wurde es hier durch einen lauten Schrei, durch das Agieren im Rampenlicht zerrissen? Schöpfte er aus solchem Ausbruch dann wieder die Kraft, ganz unterzutauchen, völlig unmerklich zu sein? Einmal versuchte ich, mit ihm darüber zu reden. Er wehrte ab – selbst wenn er die Stimme erhob, klang sie nicht wild. Heftig wohl, aber nicht wild. Sie war gewissermaßen, diese für ihn so bezeichnende Stimme, von einer leisen Heftigkeit – wenn man das sagen kann. »Ach Unsinn«, stieß er hervor und blieb in seiner Verschlossenheit, die dennoch nichts Kaltes, nichts Inhumanes hatte, die nur das Zeichen einer besonderen Feinheit und Herzensreine auf der Stirn trug.

Nun, glücklicherweise ahnten wir nur in den seltensten Momenten etwas von den Tiefen und Stürmen eines nach Vollendung ringenden Geistes in unserer Mitte. »Gemütsschmerzen« wurden nicht hoch eingeschätzt. Mit Freude dem Unbekannten zugewendet, das draußen in der Welt auf uns zu warten schien, entließen wir vielmehr unsere Seelen in den lustigen Kantus:

Es geht ein Rundgesang
Um unsern Tisch herum, bumbum.
Es geht ein Rundgesang
Um unsern Tisch herum.
Bruder, deine Liebste heißt
Wunderbarerweise – –?

Statt »wunderbarerweise« sangen wir gern, von keinerlei Erfahrung beschwert: »sonderbarerweise«, und dann galt es, einen möglichst unwahrscheinlichen Namen zu nennen, »Xanthippe etwa, oder Emerentia, oder Fredegundis, damit die andern alle einfallen konnten:

Xanthippe, sie lebe,
Sie lebe, lebe hoch!

Einmal, als Ebenhöh, der Repetent, an die Reihe kam, bemerkten wir, daß er fehlte. Er hatte sich hinter der hübschen Kellnerin hinausgeschlichen. Als wir ihn draußen in der Nacht im Garten suchten, tauchten zwei Gestalten aus den Strohschütten an der Kegelbahn hervor. Ebenhöh stand in seiner ganzen Größe da, schnippste ruhig einige Hälmchen von seinem Rock, dann sagte er grinsend und ganz leichthin, – doch man hörte aus seinen Worten den Stolz auf seine Jungmännlichkeit klar heraus: »In *diesem* Gegenstand bekommt *ihr* – ganz ungenügend.«

Betroffen gingen wir in den hellen Saal zurück. Das zarte musische Entzücken, das von Vikmaths heiteren, in den Farben lieblich ausgeglichenen Zauberkünsten ausgegangen war, hatte sich verzogen, wie mit grober Faust zerrissen. Etwas Schmerzliches, Dumpfes wurde an Stelle freier Bewegung jedem Einzelnen spürbar, als hätte eine eiskalte Hand uns an die Schultern gegriffen. An solch schmerzlichem Erwachen fehlte es auch sonst nicht, während die Schulperioden ihre Jahresringe setzten.

Einer der Zusammenstöße mit dem Leben galt mir – und er wurde mir auch deshalb wichtig, weil er mir endgültig Vikmaths Freundschaft eintrug.

Der Konflikt ging diesmal von Professor Proft aus,

dem Geschichtsgewaltigen, dem schwarzbärtigen Riesen im uralten blauen Winterrock, der hart wie eine den Stürmen trotzende Holzverschalung seinen mächtigen Leib umgab. Auch im Sommer trug er einen Anzug aus grobem, dickem, diesmal braunem Stoff, immer denselben, nie hatte man einen andern an ihm gesehen. Wenn er in die Klasse trat, seinen Taschenkatalog auf den Kathedertisch schmiß, daß es nur so schmetterte, wenn er den bohrenden Blick von einem Schüler zum andern wandern ließ, erbebten unsere Herzen, und jeder fand, daß er heute nicht genügend vorbereitet war. Proft, dessen Name schon darauf hinzuweisen schien, prüfte unerbittlich streng. Späteren Jahren blieb die Einsicht vorbehalten, daß er vielleicht von einem sadistischen Zug nicht freizusprechen war. Eine andere Version: Seiner zahlreichen Kinder wegen soll er stets in Geldschwierigkeiten gesteckt haben – daher die üble Laune, die er so oft an uns ausließ. Und warum sollten eigentlich beide Versionen nicht gleichzeitig richtig sein?

Zu seinen Eigenheiten gehörte, daß er die Unwissenden grimmig verhöhnte. Davor hatten wir fast noch mehr Angst als vor der schlechten Note, die solche Exekutionen abzuschließen pflegte. Sprach etwa einer das Wort »Padua« mit dem Ton auf der zweiten Silbe aus (wohl in unbewußter Anlehnung an Pavia), so konnte Proft den Armen minutenlang verspotten, zum schallenden Gelächter der in solchen Fällen stets charakterlos liebedienerischen Klasse: »Padúa – das klingt ja wunderbar – Padúa – wie eine Nachtigall.« Oder er konnte einem mit seiner berüchtigten Frage die Seele aus dem Leib haspeln: »Was geschah im Jahre soundso?« Das schlimmste Jahr war 1547. »Was geschah im Jahre 1547?« »Die Schlacht bei Mühlhausen, Tod Heinrichs des Achten von England.« »Was noch?« »Franz der Erste von Frankreich stirbt.« »Was noch?« »Die Verschwörung des Fiesco in Genua.« Aber der Unersättliche ließ mit seinem »Was noch« nicht nach. Vor seinen langen Pausen, seinen Schreckensaugen sank man in den Staub. Wie der finstere Hagen von Tronje aus der alten Sage stand er vor unserer Phantasie.

Derselbe Proft nun, der in seinen mechanischen Gedächtnisübungen ans Äußerste ging, war doch gleichzeitig (solche Widersprüche liebt das Leben) ein hinreißender Darsteller geschichtlicher Entwicklungen, ein Mann von tiefem Wissen und energisch persönlicher Auffassungskraft – ja, von allen Lehrern, die mich während des Gymnasiums unterwiesen haben, war er (von Kotyka abgesehen und von Professor Werder, über welch letzteren ich hier nichts sagen will) der einzige mit einem wirklich bedeutenden und originellen Weitblick. Etwas Geniales machte sich in ihm kund, das gegen die Miserabilität des Alltags vergebens aufzumucken schien. Er konnte bezaubern, wenn er in klug abgewogener Darstellung die Götter des alten Ägypten oder Athen in der perikleischen Zeit, die Vorwehen des großen Krieges und die Tragiker oder sein Lieblingsthema: Papsttum und Reformation uns vor die Sinne führte – ich betete ihn an, wenn er vortrug. Und es gab Stunden, in denen er *nur* vortrug, nicht prüfte. Sie waren vielleicht die glücklichsten, die ich auf den Bänken der Mittelschule versessen habe. Was man da zu hören bekam, war, weit entfernt von den kindischen, memorablen Schlagworten Ahálas, eine vollwichtige Charakteristik großer Persönlichkeiten, bedeutender Ereignisse. Neben Proft erschien der Direktor Raxenhofer wie ein Kasperl, selbst Sírek nur wie ein gutmütiger Philister. Hier aber gewitterte es ringsum. Der Vortrag selbst entwickelte sich logisch, kunstvoll gesteigert, in schönen Sätzen, allseits motiviert. Schlimm freilich, wenn er diese »Motive« dann abzuprüfen, unsere Unzulänglichkeiten zu belächeln begann. Jener Proft, der vortrug, war ein Erwecker, ein Anreger ersten Ranges, ein selbständiger Durchdringer des Daseinsstoffs – es schien nicht zu glauben, daß er und der gehässige kleinliche Prüfer ein und dieselbe Person sein sollten.

Mir selbst, dem Primus, tat er ja nichts zuleide. Er behandelte mich kühl, öfters überlegen lächelnd; aber er mußte anerkennen, daß ich die vorgeschriebene Lektion wußte, und manchmal sogar etwas mehr. Denn Primus war ich nicht aus Ehrgeiz – oder, aufrichtig gesagt, nicht aus Ehrgeiz allein –, sondern weil das Lernen mir Freude machte, weil schon damals das später immer klarer werdende Gefühl geltend ward: Es kann uns ja nichts Besseres auf Erden geschehn, als daß man uns belehrt, uns lernen läßt. Geistig wachsen, in eine Geisteswelt hineinwachsen – es gibt nur dies, und alles andere, was Wert hat, weist auf dieses eine hin. Wenn man nur immer die richtigen Lehrer fände! Die Zeit ist zu kurz. Doch die Zeit des Gymnasiums war für manche dadurch ausgezeichnet, daß man in aller Einfalt meinte, solche Lehrer gefunden zu haben.

Wir machten uns noch kaum ernsthafte kritische Gedanken darüber. Wir glaubten an unsere Professoren. Und so lebte man, in allem Ernst geführt, einen schmalen Pfad hin, auf dem es kein Schwanken gab.

In relativer Beliebtheit bei Proft stehend, ihn seiner

Vorzüge wegen im tiefsten Herzen liebend, ohne daß diese Liebe erwidert wurde, litt ich doch auch sehr darunter, fast allstündlich Zeuge sein zu müssen, wie er den oder jenen grausam »abschlachtete«. Ich zitterte vor Erregung bei solchen unwürdigen Szenen. Das zurückgehaltene Empörtsein mußte einmal zur Entladung führen.

Meine Zugehörigkeit zum Judentum lieferte den Anlaß. Es war ja die Schülerschaft unserer Klasse (wie aller Stephanesen-Jahrgänge) national und religiös gemischt. Wie schon erwähnt, hing dies mit den Bevölkerungsverhältnissen des Stadtteils Obere Neustadt zusammen, in dem unser Gymnasium lag. Dieser Bezirk ging in die Vororte über. Sein Sprengel umfaßte Arme und Reiche, Deutsche und Tschechen, Juden und Christen. Der Zahl nach waren Juden und Nichtjuden ungefähr gleich stark, die Juden aber einheitlicher, da fast alle aus Prager Häusern kamen. Erscheinungen wie Vikmath, aus dem deutschen Randgebiet Böhmens, dem Sudetenland, stammend, blieben Ausnahmen. Auch machte sich unter den Juden ein doch irgendwie einheitliches geistiges Interesse merkbar – unter Nichtjuden, die aus Pragern, Randdeutschen, Kindern tschechischer Beamten und einigen ganz unbestimmbaren Wesen bestanden, gab es einen einzigen, den schönen, großen, blonden Hans Laßmann, mit dem man sich gemeinsam an Musik und schönen Büchern begeistern konnte. Ich besuchte ihn auch einige Male auf seiner »Bude«, aber in einer der höheren Klassen zog er sich brüsk zurück – als Sudetendeutscher verfiel er der gerade unter seinen Freunden besonders scharf organisierten antisemitischen Doktrin.

Im übrigen verkehrten wir alle arglos miteinander.

Die Unterschiede der Abstammung machten sich wenig oder gar nicht fühlbar. Man hätte von ihnen wahrscheinlich überhaupt nichts gewußt, hätte es nicht »Religionsstunden« gegeben. Zweimal in der Woche teilte sich die Klasse: die Katholiken blieben im gewöhnlichen Schulraum und empfingen den Unterricht eines jungen, ernsten »Katecheten«. Dorette als Protestant hatte frei; es hieß, daß er seine Glaubensbelehrung privat nachholte. Wir Schüler »mosaischer Konfession« versammelten uns in einem Zimmer, das nur diesem Zwecke diente, zu einer lächerlichen Unternehmung, die nur kraft Analogie den Namen einer Unterrichtsstunde führte; denn hier lernten wir überhaupt nichts. Selten habe ich eine ausgeprägtere Gleichgültigkeit wahrgenommen als die, mit der »Rebbe Bloch« seinen Gegenstand, seine Schüler und, wie es manchmal den Anschein erweckte, sich selbst behandelte. Trotz seines gepflegten Assyrerbartes sah der kleine Mann immer höchst vernachlässigt aus. Manchmal fuhr er sogar, zu unserem unaussprechlichen Ekel, während der Stunde mit der Spitze seines brillantgeschmückten kleinen Fingers in ein Nasenloch und bohrte ein wenig darin. Offenbar langweilte er sich nicht weniger, als er uns langweilte. Acht Jahre hin, wöchentlich zwei Stunden, wurden ausgewählte Stücke aus der hebräischen Bibel gelesen, aber so, daß erfolgreich jedes Verständnis der einzelnen Worte und Satzteile verhindert wurde. Die alte Methode wollte, daß immer vier oder fünf Worte zusammengenommen übersetzt wurden, etwa so: »Wajchal Elohim bajom haschwii melachto« – »Und Gott hatte seine Arbeit am siebenten Tag vollendet« – wobei nun dahingestellt blieb, ob das am Ende stehende hebräische Wort

»melachto« »vollendet« oder »Tag« bedeutete. (Tatsächlich bedeutet es, was wir aber während des Gymnasiums nie erfuhren: »seine Arbeit«). Man kann sich denken, wie dies schludrige Verfahren auf uns wirkte, die wir im Lateinischen, Griechischen, auch im deutschen und tschechischen Sprachunterricht aufs sorgfältigste mit jedem grammatischen Detail bis in die feinsten Stileigenheiten und Stilunterschiede der einzelnen Autoren hinein vertraut gemacht wurden. Offenbar waren die in der Religionsstunde durchzugehenden Literaturdenkmäler einer solch ernsthaften Betrachtungsweise nicht wert. Dazu kam, daß es eine theologische oder historische Kommentierung der Bibelstellen nicht gab, so daß uns das meiste, was wir als Lektüre zu schlucken hatten, nur absurd vorkam. Wer sich aus Pflichtgefühl mit dem Zeug befaßte, lernte es mechanisch für die nächste Stunde ein, dann vergaß er es möglichst schnell. Die zerrende Langeweile, die infolge solcher Lehrweise jede dieser Lektionsstunden in zwanzig Stunden zu teilen schien, machte uns den Gegenstand, obwohl er an sich nicht allzu viel Mühe verlangte (von der des Buchstabierens der hebräischen Zeichen etwa abgesehen), zu einem der verhaßtesten. Da eine Interessennahme an dem behandelten Stoff in einem Grade unmöglich war, daß sie geradezu als von der Schulordnung verboten erschien, kam man darauf, einfach aus Unterhaltungstrieb, während der Zeit, die nun einmal abgesessen werden mußte, allerlei Unfug zu treiben, den wir uns gegen keinen anderen Professor erlaubt hätten. Man schwatzte ungeniert, warf mit Tinte gefüllte Papierschiffchen gegeneinander und an die Wand. Andere schrieben die Aufgaben für die nachfolgende »weltliche« Stunde ganz offen, auf der

Bank. Dies alles nahm Rebbe Bloch mit dem ihm eigenen Stoizismus hin, ja, im Grunde schien er mit solchem Treiben einverstanden, wußte selbst keinen anderen Ausweg. Nur einmal im Jahr, jedesmal bei Schulbeginn, versuchte er einen Schwung zu nehmen. Zärtlich den Bart streichend, mit weibisch-jammernder Stimme, begann er regelmäßig seinen Vortrag wie folgt: »Ach, heuer werden wir aber tüchtig Grammati–ich nehmen.« Es folgten die hebräischen Namen der Monate, dann die der Vokale. In den nächsten Stunden wurde der Versuch gemacht, ein regelmäßiges Verbalperfekt zu konjugieren. Geschmackvollerweise wurde als Musterwort immer »katalti« verwendet, »ich habe getötet«. In manchen Jahren kamen wir auch noch zum Futurum, weiter nie. Danach stellte Rebbe Bloch den kühnen Anlauf ein.

Nehmen wir hinzu, daß auch noch das leise Gerücht der Bestechlichkeit ihn umschwebte (Söhne reicher Familien prüfte er überhaupt nicht; sie bekamen ihre Schlußnote ohne jedwede Gegenleistung), so wird die tiefe Mißachtung verständlich, mit der wir diesem Repräsentanten der Judenheit im Tiefpunkt ihres mitteleuropäischen Verfalls begegneten. Erst in den nachfolgenden Jahrgängen machten sich die ersten Wellen des beginnenden Zionismus fühlbar. Bei uns trat noch keine Spur davon in Erscheinung. Dabei mußte es förmlich paradox wirken, daß in gewisser Art der Gegenstand »Religion« doch noch eine Bedeutung, ja eine Vorzugsstellung hatte: Auf unseren Zeugnissen figurierte ja die Religionsnote an erster Stelle, gleich nach »Sitten« und »Fleiß«. Und der Rabbiner hatte im Lehrerkollegium bei Abstimmungen nach dem Katecheten den Vortritt vor den übrigen Jugendbildnern. Dies alles in

Erinnerung an Zustände, die längst verschollen und nur noch in der vormärzlich-altösterreichischen Schulordnung fossilienartig aufbewahrt wurden. Theoretisch konnte man »aus Religion« sogar durchfallen. Ein »Nichtgenügend« in diesem Lehrfach hätte den Aufstieg in die nächsthöhere Klasse nicht anders verhindert als eines etwa aus Hauptfächern wie »Latein« oder »Geschichte«. Aber ein solcher Fall kam nie vor, war geradezu undenkbar. Lächerlich, Rebbe Bloch sollte einen durchfallen lassen – unmöglich! Er sollte es sich nur trauen, da würde er schon sehen! Aus solcher Sicherheit heraus behandelte man auch seinen Lehrgegenstand mit entsprechend unbegrenzter Nachlässigkeit, die vielleicht nur bei beseelter Behandlung des Stoffes gewichen wäre. Und von der war der Rabbi himmelweit entfernt. Nur ganz selten kam es vor, daß selbst er aus seiner Lethargie erwachte. So als einmal einer aus dem Snobkreis nicht erschien. »Wo bleibt denn der Wien? Er fehlt schon zum drittenmal?« »Bitte, Herr Professor«, riefen alle bereitwillig, »er hat sich taufen lassen!« Da griff der alte Mann denn doch mit der Faust in seinen Bart, sagte aber kein Wort, blieb nur ein Weilchen schweigend sitzen – gleich nachher leierte er wie gewöhnlich seinen unverständlichen Text her, dem keiner zuhörte.

Auch auf uns machte überdies der Vorfall einen gewissen Eindruck, hauptsächlich deshalb, weil wir in den hieran sich anschließenden Gesprächen erfuhren, daß auch unsere Dorette getauft war. Allerdings war er, wie man dies nannte, bereits »liegend getauft«. Die Familie hatte noch vor seiner Geburt das protestantische Bekenntnis gewählt. Sein Freund, der Maler Horb, der Witzbold, erzählte uns diese Tatsache zugleich mit einem einschlägigen Späßchen: Ein Regierungsbeamter läßt sich taufen. Vor dem feierlichen Akt macht er seinem Chef, dem Hofrat, Mitteilung und bittet, um sich einzuschmeicheln, um dessen Rat: ob er in die Kirche wohl im Smoking oder im Frack kommen solle. »I woaß net«, erwidert leichthin von oben der Gefragte, »bei uns macht man dös in Windeln.«

Genaugenommen war nur eine einzige Auswirkung unseres Judentums für unser Schülerdasein bedeutungsvoll: An unseren hohen Feiertagen hatten wir das Recht, vom Unterricht fernzubleiben. Wir sollten da auch, ebenso wie an Sabbaten, einem eigenen jüdischen Schülergottesdienst beiwohnen, der seltsamerweise den eher katholisch anmutenden Namen »Exhorte« trug und nebst einigem verstimmtem Orgelgetön eine ausgesucht inhaltslose Predigt des Rebben Bloch brachte. »Meine lieben jungen Freunde«, begann er jedesmal, strich langsam den Bart und legte möglichst viel Rührung in die verlogene Anrede, ehe er zu der gleichfalls obligaten Lügenphrase überging: »Im letzten Wochenabschnitt, ach, haben wir gelesen –.« Der Besuch dieser Exhorte wurde einigermaßen läßlich behandelt, woraus einige Professoren, vor allem Proft, den Schluß zogen, daß auch die »jüdischen Ferien« nicht gerade obligatorisch seien. Aber dieses Recht, um das unsere nichtjüdischen Mitschüler uns beneideten, hätten wir uns von keinem absprechen lassen. An jüdischen Feiertagen blieb die Hälfte der Bänke leer – das war Herkommen und legal. Hier nun fand unser Geschichtstyrann den Weg, auf eine gleichfalls nicht unlegale Weise, mit seiner Gesinnung hervorzukommen. Er stammte, wie die meisten unserer Professoren, aus dem sudetendeutschen Randgebiet – aber während die anderen, wie etwa Kornhäuser-Ahala (trotz seines jüdisch klingenden Namens gleichfalls Sudetendeutscher), in einer ärarisch-österreichischen Traumwelt lebten, die wie durch bleiche schwarz-gelbe Dünste neutralisiert war, ging Proft mit der ihm eigenen dunklen Leidenschaftlichkeit seinen politischen Sonderschritt – in einer etwas späteren Epoche wäre er mit dem antisemitischen Haupttrupp in Reih und Glied marschiert. Damals konnte er als eine Art Vorläufer gelten. Im allgemeinen ließ er nichts merken, zeigte sich sogar betont unparteiisch. Seine Attacke ritt er, indem er regelmäßig an den Tagen, an denen die Juden wegblieben, einen möglichst großen und komplizierten Abschnitt vortrug und dabei viele Einzelheiten zufügte, die in unserem trockenen Geschichtslehrbuch fehlten. Seiner Ansicht nach, die er auch bekanntgab, war es eben Pflicht der jüdischen Schüler, sich bei den christlichen Kollegen die Zusätze zu verschaffen. Praktisch war diese an sich berechtigte Anforderung undurchführbar, weil niemand seinen Vortrag so ausgiebig und so sinngemäß mitschreiben konnte, wie es für den Zweck der Weitergabe nötig gewesen wäre.

Ein trüber Herbsttag – nach unserem »Versöhnungsfest«, dem Jom Kippur. Ironische Begründungsworte Profts an die »Herren Israeliten, die ein so bequemes Leben haben«. Dann beginnt seine Prüfungsorgie. Er »zweiert«. Jedem, der an die Tafel gerufen wird, stellt er Fragen über Themen, die im Lehrbuch fehlen. Nach drei solchen Fragen und den dazugehörigen Verhöhnungen folgt unweigerlich sein: »Setzen Sie sich.« Und groß malt er, so daß alle es sehen, wieder einen Fünfer in seinen Taschenkatalog. In noch umwölkterer Laune als sonst an Prüfungstagen ruft er diesmal nur Juden auf, dem Alphabet nach. Die Andersgläubigen überspringt er, macht gar kein Hehl daraus. Es freut ihn sichtlich, der Klasse seine Macht zu zeigen. Wer kann ihm vorschreiben, wen er prüfen soll, wen nicht! Doch auch mich hat er bisher nicht genannt – und ist doch im Alphabet längst an mir vorbeigekommen. Mich will er offenbar schonen. Statt dies dankbar anzuerkennen, zwingt mich nun eine Macht, über die ich mir keine Rechenschaft ablegen kann, die zum erstenmal in meinen Lebenskreis tritt, den Mund zu öffnen. Was ist in den Musterknaben gefahren, der sonst schüchtern und folgsam nichts als das in den Augen der Lehrer Wohlgefällige anstrebte? Ich balle die Faust und sage halblaut, aber doch so, daß Proft mich hören muß; denn ich sitze in der zweiten Bank – ich sage, während eben ein »Klein« oder »Kohn« mit seinem Nichtgenügend »hineingeschickt« wird, die deutlichen Worte: »Lauter Juden.«

Überrascht blickt Proft mich an.

Gleich nachher blenden mich seine Augen mit ihrer schwarzen Wut, die aus unergründlichen Tiefen heraufwirbelt.

Wie der dunkle Oger der Schreckensmärchen erschien er mir in diesem Augenblick. Sein kurzer, dunkelbrauner, dichter Vollbart gab ihm, der hohen Stirn zum Trotz, etwas von einem Waldmenschen, einem Tier.

»Kommen Sie heraus, Bróod!« schreit er. Wie immer spricht er meinen Namen mit kurzem o. Ich habe das öfters schon, doch nie so deutlich wie heute, als eine Art Feindseligkeit von seiner Seite empfunden; denn der jähe ungewohnte Klang erschreckt mich. Aber wie immer hat Proft das formale Recht auf seiner Seite. In seiner Klugheit weiß er das schon immer so einzurichten; denn mein Name kommt tatsächlich aus dem Slawischen, er bedeutet »Furt« (wie in so vielen slawischen Ortsnamen) und hat mit dem deutschen »Brot« und dessen langem Vokal nichts zu tun. Aber allgemein werde ich nun einmal langvokalig gerufen und nur Proft peitscht mit seinem Kurz-O wild auf mich ein . . .

Ich erschrecke also auch diesmal, und schweren Herzens ersteige ich das Podium.

»Zeichnen Sie Griechenland!«

Das Ansinnen, vor dem niemand bestand! Nur Proft selbst hatte die erstaunliche Fähigkeit, jedes Reich der Erdkugel aus dem Kopf auf die Schultafel konturieren zu können – auch das mit den verwinkeltsten Buchten und Inselchen begnadete.

Ich beginne auf die schwarze Fläche zu kritzeln. Die Kreide in meinen Fingern scheint zu glühen, zerbricht. Teuflisch lächelnd, überreicht mir Proft ein neues Stück. Da läutet die Glocke. Welch ein Glück! Nun bin ich gerettet! Aber so leicht gibt sich Proft nicht geschlagen. Er prüft weiter. Die ganze Pause durch. Ein unerhörter, nie dagewesener Vorgang. Zehn Minuten, die sich ins Unendliche dehnen. Die Klasse muß schweigend sitzenbleiben und ich meine ungeschickten Versuche fortsetzen, deren Umrisse sich nirgends schließen. Bis die Glocke zum zweitenmal läutet, den Moment anzeigend, in dem der Lehrer der nächsten Unterrichtsstunde eintreten kann. Jetzt erst bricht Proft ab, trägt etwas Undeutliches in sein schwarzes Büchlein ein – schweißtriefend wanke ich auf meinen Platz.

Ich komme mir entehrt, vernichtet vor. Um meine

Primusschaft ist es geschehen, vielleicht auch um den »Vorzug«. Am Ende werde ich »in der Konferenz getadelt«, falle durch. In meinem Unverstand kommt es mir vor, als sei die ganze Klasse in mir gedemütigt, als in dem Einzigen, vor dem die Willkür des Tyrannen bisher haltzumachen pflegte. Was rings um mich gesprochen wird, höre ich nicht. Dem Unterricht kann ich nicht folgen. So, als wäre mein Schädel mit heißem Sand gefüllt. Die Augen, die rotglühenden Ohren – alles voll mit Sand.

Aber gleich nach Schluß der nächsten Stunde, in der Pause, tritt Vikmath zu mir. Sein bleiches Gesicht ist von tiefem Ernst erfüllt, scheint zu leuchten. Er drückt mir stark die Hand, spricht kein Wort.

Trost genug! Und damit war unser Freundschaftsbund geschlossen, der seither nie mehr aufgelöst wurde.

Vikmath bezeugte mir noch am gleichen Tage sein Vertrauen, indem er mich in das Geheimnis einweihte, das er sonst strengstens hütete. Er nahm mich abends in den »Freisozialistischen Klub« mit. Diese »internationale Studiengemeinschaft« – so nannte sie sich – versammelte sich im Keller eines armseligen Hinterhofs. Man stieg einige Stufen unter das Straßenniveau hinunter, kam in eine kleine Schneiderwerkstätte, die aber um diese späte Stunde meist schon völlig leer war, schritt dann einen stockdunklen Gang weiter, in dem es nach Fischen und Obst roch. Ein Schlüssel knarrte im Schloß, und man stand in einem kleinen, sauberen Zimmer, in dem es etwa zwanzig Sessel rund um einen roh gezimmerten Tisch gab. Auf kleineren Tischen lagen Zeitschriften; an den Wänden hingen Bilder von Schopenhauer, Lassalle und Darwin nebst einem roten Fahnentuch. Zuerst wurde ich dem Kern des Vereins, einigen jungen typographischen Arbeitern, vorgestellt. Ferner kamen ein paar Hochschüler sowie Gymnasiasten, aber solche, die ich nicht kannte, aus anderen Stadtvierteln. In diesem Kreis wurde unter Führung eines älteren Politikers debattiert. Man las gemeinsam das »Kapital« oder versuchte vielmehr, sich in das unverständliche Buch allmählich hineinzuschrauben. An anderen Abenden wurde der zweite Teil von Goethes »Faust« vorgenommen, daneben hektographierte Schriften, die alle die schematische Zeichnung eines Stiefmütterchens als Vignette trugen. Der Name dieser Blume, pensée, bedeutete hier aber »libre pensée«, den »freien Gedanken«, den Namen einer in Österreich verbotenen revolutionären antiklerikalen Gesellschaft, die gerade damals, da Ferrer, einer ihrer Begründer, in Spanien hingerichtet worden war, zu Ruhm und Ehre aufstieg.

»Weil du doch kein Streber bist –«, hatte Vikmath zu mir gesagt, als wir zum erstenmal die Kellertreppe hinabstiegen. Sonst nichts. Das war die einzige Erklärung, die er gab, zugleich auch eine Art Antrag, in die Schweigepflicht einzutreten. Ich nahm all das entgegen, als würde mir ein Adelsbrief überreicht. Wir tauschten den zweiten Händedruck dieses schicksalsschweren Tages.

Bei einer der nächsten Zusammenkünfte stieß ich in diesem Klub, dessen Besucherschaft fluktuierte, zu meinem Erstaunen auf Kotyka, unsern jüngsten Professor. Er kam gleich zutraulich auf mich zu, legte den Arm auf meine Schulter. Er wußte von meinen Sorgen, von dem erbitterten Krieg, den ich seit jenem Feiertagskrach mit Proft zu führen verurteilt war. Man sah mich ja nie mehr anders als mit blassem Gesicht, die Taschen mit Zetteln vollgestopft, die geschichtliche und geographische Daten enthielten. Sogar in den Schulpausen büffelte ich, um in dem ungleichen Kampf nicht zu unterliegen. »Sie dürfen nicht traurig sein, mein Junge«, sagte nun Kotyka und fügte mit einer Art von brillantem Staccato in der Stimme hinzu, das ihm eigen war: »Sursum corda!«

Ich fühlte mich aufgerichtet; für eine ganze Zeit, für Wochen schöpfte ich frische Kräfte. Denn Kotyka gehörte zu den Heldengestalten, die ich aus der Fülle meiner jungen Liebesfähigkeit heiß verehrte. Von allen Lehrpersonen, denen ich am Gymnasium begegnet bin, war er entschieden die erfreulichste Erscheinung. Er bemühte sich, ganz anders als die übrigen, ein Kamerad seiner Schüler zu sein. Ein moderner Pädagoge, der mit einem Kreis der ihm liebsten Zöglinge Ausflüge machte, in Wettlauf und Schwimmen mit ihnen konkurrierend.

Meinem Jahrgang war er leider nur in einem Nebenfach beschieden; andere Klassen, in denen er als sogenannter »Klassenvorstand« Latein und Griechisch unterrichtete, erzählten Wunderdinge, wie leicht und interessant er die Arbeit zu gestalten wußte. Er war Tscheche, wie Sírek; aber zum Unterschied von ihm ein Meister des deutschen Stils, dem nicht die geringste Ahnung fremden Akzents anhaftete. Er imponierte durch seinen Vortrag wie durch seine wissenschaftlich gehaltenen Zwischenbemerkungen. Seine Meinungen äußerte er scharf, vernunftklar, bestimmt. Vor allem aber gab er sich als Weltmann, dies fiel uns besonders in die Augen. Immer mit höchster Eleganz gekleidet, einfach, geschmackvoll, immer tadellos rasiert, betrat er die Klasse wie einen Salon, in dem es um gehaltvolle und distanzierte Konversation ging. Sein fahlblondes Haar, der hellgelbe Bleistift, den er befehlend und nicht ohne Selbstironie schwang, die betont frische Laune, in der er uns immer ein heiteres Gesicht zeigte, die leise, aber bestimmte Stimme, immer zu Witz und Scherz aufgelegt – das alles gab eine Einheit, der selbst die ärgsten Skeptiker nicht widerstanden. Er gewann die Herzen der Jugend im Sturm. Dabei blieb er streng, stellte die höchsten Anforderungen; aber alles behielt den Anschein eines reizvollen Spiels.

Bei uns also hatte er den Gegenstand »Böhmische Sprache« inne, der damals noch »Freigegenstand« war. Die Schüler konnten ihn in ihren Lehrgang aufnehmen, wenn sie wollten, mußten es aber nicht, und die Noten wurden weder für den »Vorzug« noch für das »Durchfallen« eingerechnet. Auch konnte man bei jedem Semesterschluß austreten. Aber zum Kurs Kotykas ließen sich sehr viele, obwohl er »unobligat« war wie Zeichnen oder Gesang, gern einschreiben. Ich verdanke ihm, von etlichen grammatischen Kenntnissen abgesehen, den ersten Einblick in den Gesamtaufbau einer großen Literatur; denn anders als die andern Profen blieb Kotyka nicht am Detail hängen. Er gab die ganze wechselvolle Entwicklung der tschechischen Sprache von den frühchristlichen Anfängen durch Mittelalter, Renaissance und Jesuitenzeit, bis zu den Erneuerern des Schrifttums, bis in die blühende Gegenwart hinein. Mit Begeisterung verweilte er namentlich bei den Schönheiten der im Volkstümlichen wurzelnden Lyrik eines Karel Jaromír Erben, eines Celakovsky, eines Mácha und Svatopluk Cech, bei der warf die noch ungelenke Hand einige Strichlein hin:

Ballade vom verwaisten Kind etwa oder bei der vom Hochzeitshemd oder bei jener mythischen Christusfigur im Bergdorf, die keine Blutwunden hat. Tief prägte sich uns die Schönheit von Versen ein wie diesen aus der Ballade von »Toman und der Waldfee«, die der Professor mit eigentümlicher Verschleierung der stockenden Stimme vortrug:

Do Podháji k myslivci
Musím ke své devcici;
Z nenadání – nemán stání,
Zas mne cekej o svitání.

Hier war im Klang alles Irdische gesprengt, vor Ohren und Augen öffnete sich mit den vielen langen A-Lauten der tönende Himmel. Leicht und leise sprach Kotyka die kadenzierenden Rhythmen wie eine Zauberformel. Und obwohl ich fühlte, daß sie unübersetzbar seien, versuchte ich es dennoch.

Abends vor Sankt Johann
Spricht die Schwester zu Toman:
Brüderchen, wohin geritten
In so später Stunden Mitten,
Auf dem Pferd, das, frisch gezäumt,
Unter neuem Sattel bäumt?
Nach Podháj ins Jägerhaus
Muß zu meinem Lieb hinaus.
Bin im Bangen – wie gefangen –,
Will im Frührot heimgelangen.

Kotyka bemerkte das Papierchen und nahm es mir pflichtgemäß ab. Aber was er mir zu sagen hatte, war kein Verweis, wie ich ihn disziplinargemäß erwartet hatte. Es wurde vielmehr meine erste literarische Aufmunterung, streng abgewogen, doch ernsthaft: »Halbgeglückt. Weniger im Sinn. Zu frei. Aber doch irgendwie im Ton. Versuchen Sie es weiter!« Die Anerkennung erhob mich wie den Horaz der Beifall des Maecenas, und wie jener konnte ich einen Augenblick lang sagen: »Mit erhobenem Scheitel schlage ich an die Sterne« – so froh war mir zumute. Überhaupt erfaßte mich in jenen Tagen zum erstenmal machtvoll das Bewußtsein, daß ein Reich der Schönheit, zu dem alle Völker der Erde ihren Teil beigetragen, uns zu Häupten aufgebaut sei – wir brauchen nur die Hände danach zu strecken. Wenn ich dann in späteren Jahren die großartigen und ergreifenden Kompositionen des Musikmeisters Víetezslav Novák, die auf eben diesen Texten aufgebaut sind, zu erfassen begann, so vergaß ich nie, an Kotyka zu denken, der mich als erster ihren Stimmungen nahegebracht hat.

Und diesem Kotyka begegnete ich nun im Klub! Erst allmählich wurde mir der Zusammenhang klar: Kotyka war der einzige, der unseren Vikmath frühzeitig in seinem wahren Wert erkannt, ihn aus allen Schülern unserer Anstalt herausgehoben hatte, nicht nach der konventionellen Skala des »Vorzugs«, sondern nach Maßstäben des Charakters und der Reife, Maßstäben, von denen in der schulmäßigen Bewertung nicht die Rede war. Denn hier im Klub berührte uns zum erstenmal mit Ernst und heiligem Aufgabendrang das wahre Leben, das jetzt und hier mit seinen großen Forderungen uns entgegenzog: Arbeit, Gerechtigkeit, Frieden unter den Menschen. Kotyka hatte Vikmath für würdig erachtet, mit diesen Fragen der Wirklichkeit befaßt zu werden – wie auch noch später öfters in unserer Entwicklung, folgte ich als zweiter, ging zögernd den Spuren des stillen Freundes nach.

Ich kann nicht leugnen, daß mich in meinem noch kindischen Sinn die Anwesenheit eines richtigen Professors in dieser fragwürdigen Umgebung, die mir doch auch Angst einjagte, einigermaßen beruhigte. Erst später verstand ich, daß im Auge der Behörden die Gefährlichkeit des revolutionären Klubs (im Falle einer Entdeckung) durch die Teilnahme erwachsener und führerhafter Personen eher gesteigert als gemindert erschienen wäre.

Kotyka war es denn auch, der einmal sehr erregt im Klub erschien, die Diskussion zum Stillstand brachte und sofortige Auflösung, wenigstens für einige Zeit, verlangte. Spitzel seien uns auf den Fersen.

Dennoch hätte in der Zeit, in der dann später das Ganze aufflog, Kotyka eine starke Verteidigung und Zeugenschaft für Vikmath dargestellt; aber damals lebte der herrliche junge Lehrer nicht mehr. Aus hellem Himmel erhielten wir die Nachricht, in den Ferien zwischen Septima und Oktava, er habe sich in einem Badeort an der Küste Dalmatiens vergiftet. Während einer Sommerreise. Niemand erfuhr je den Grund. Trotz seines vertrauten Umgangs mit einigen seiner Schüler hatte Kotyka ihnen nie etwas über intime Angelegenheiten eröffnet. Nun flüsterte man von einer unglücklichen Liebesgeschichte.

Echte Trauer drückte uns zu Boden. In jenen ruhigen Zeiten war es für viele der erste Verlust einer geliebten nahestehenden Person. Zu Beginn des Schuljahres im Herbst wurde in der Schule eine offizielle Trauerfeier abgehalten, ohne den geringsten persönlichen Bezug. Eine Rede Raxendorfers – das genügte, um alles Menschliche zu verwischen, auch wenn er diesmal nicht im Rügeton von »Vernunft und ruhiger Überlegung« zu sprechen wagte. Es handelte sich ja immerhin um ein Mitglied des Professorenkollegiums!

Aus der Dandyecke unserer Klasse aber kroch boshafterweise, obwohl Kotyka auch da einer gewissen Beliebtheit gewürdigt worden war, ein peinliches Gerücht: Er habe eine unheilbare Geschlechtskrankheit gehabt. »Das ist ja eben die unglücklichste Liebesgeschichte«, näselte Dorette.

Ich stürzte mich auf ihn. Es gab den üblichen Ringkampf. Damals war ich bereits mit Dorette tief verfeindet. Und zwar Vikmaths wegen, meines neuen Freundes.

Von der neuen Freundschaft wie auch von den Anregungen im »Freisozialistischen Klub« konnte ich indessen nicht viel genießen, sosehr ich das bedauerte; denn ich war anderweitig verstrickt. Ich kämpfte mit dem Oger Proft. Ich wollte ihm beweisen, daß seiner Ungerechtigkeit eine Grenze gesetzt war, daß es eine Macht gab, gegen die der dunkle Hagen von Tronje vergebens anrannte: das wirkliche Wissen. Ich warf mich also fanatisch aufs Lernen, nein, aufs »Stucken« (womit die höhere, völlig verbissene Intensität des Studierens bezeichnet wurde). Ich stuckte Tag und Nacht. Und zwar nichts anderes als Geschichte-Geographie. Die anderen Gegenstände interessierten mich nicht mehr. Aber den kleinsten Nebenfluß des Rheins und der Weser kannte ich beim Namen und lernte ihn auch auswendig zeichnen. Das Lehrbuch bedeutete keine Grenze mehr. Ich wollte *alles* wissen, gegen jede mögliche Frage gerüstet sein. Ich las Rankes »Römische Päpste« und andere Spezialwerke – aus deren Kenntnis mir fürs Hinkünftige vielleicht manche Förderung erwachsen ist, die aber damals nichts als eine brennende Qual für mich bedeuteten. Es war ein Angestrengtsein, das, an sich ziemlich sinnlos, mich in weiteren Steigerungen (denn da gab es kein Ende) einem flackernden Wahnsinn zutrieb. Proft bemerkte es wohl und goß Öl ins Feuer, indem er mich, der nun zu jeder Stunde mit dem ganzen Apparat gründlicher Vorbereitung erschien, überhaupt nicht mehr prüfte. Nur die Beantwortung von Fragen, die an die ganze Klasse gestellt waren, konnte er mir nicht verwehren. Aber solche Zufallsantworten galten damals dummerweise nichts, auf die Klassifizierung hatte nur die ordentliche Prüfung auf dem Katheder Einfluß. Und zur Tafel wurde ich nicht mehr gerufen und so während des ganzen Semesters auf grausame Art im Zweifel gelassen, wie sich die mißglückte »Zeichnung Griechenlands« auf die Schlußnote auswirken werde. Erst am letzten Tag vor Semesterende ließ sich Proft zur Prüfung herbei (ganz ungeprüft konnte ich ja nicht bleiben), und so mag diese Sache doch irgendwie glimpflich ausgegangen sein, ohne daß ich heute das genaue Ergebnis wußte. Es war ja auch alles in allem ein völlig belangloser Vorfall; nur daß er mir doch ein halbes Jahr meines Daseins völlig verdüstert hat. Zum erstenmal hatte ich erlebt, wie zwei Willen hart auf hart gegeneinanderstießen, und wo das sich ereignet, ist ja an der Wichtigkeit des Anlasses wenig mehr gelegen und alles kommt auf die Gewitterkräfte an, die losbrechen.

Kaum hatte sich diese Gefangenschaft gelockert, als

eine neue ihr Gitterwerk bereitmachte. Diese nächste Krise begann eigentlich harmlos, ja in heiterer Form – mit der »Kneipzeitung«, die wir zur Verschönerung unserer Zusammenkünfte im »Deutschen Handwerkerverein« herausgaben.

Das Schwierigste war dabei ein manuelles Detail: die Gelatine mußte gekocht werden, die in einer kleinen Blechwanne die unschätzbare violette Schrift empfing, von der dann die mehr oder weniger deutlichen Kopien abgezogen werden konnten. Welcher Jammer, wenn diese hellgelb schimmernde Gelatinetafel nach stundenlanger Zubereitung in häßliche dunkle Bröcklein und Brösel zerfiel, sobald man ihr das erste Papier auflegte.

Allmählich lernten wir auch diese Geheimkunst zur Genüge. An literarischen Beiträgen dagegen fehlte es von allem Anfang an nicht – die Klasse war nach Stephanesenart gottlob mit Dichtern verschwenderisch gesegnet. Namentlich Hummel-Dorette rang um die Palme. Er vergaß alle Zurückhaltung, überschwemmte die Redaktion mit Beiträgen, riß endlich die Leitung ganz an sich. In dieser Zeit entwickelte er eine Beredsamkeit ohnegleichen. Niemanden wollte er neben sich dulden. Hatte er ein Gedicht oder eine Novelle beendet, so las er das Produkt jedem vor, und nicht etwa nur einmal, er verlangte, daß man es mehrmals hören sollte, um alle Schönheiten, von denen es barst, voll zu würdigen. Er erklärte es, stellte Betrachtungen an über sich selbst und sein Talent, er hörte und sah nur sich selbst. Das ging bis zur Groteske. Als einmal Vikmath in der Schule eine »Redeübung« über »Zeitgenössische Autoren« hielt, stellte er ihn nachher zur Rede: »Warum hast du mich nicht erwähnt?«

»Du hast doch noch nichts veröffentlicht.«

»Einerlei. Demnächst erscheint ein Buch von mir bei Pierson in Dresden.« (Pierson war damals ein Verlag, der es sich zum Geschäft gemacht hatte, Autoren, die es bezahlen konnten, durch Herausgabe ihrer gesamten Werke eine angenehme Illusion zu verschaffen.)

»Und das ist alles, was du über Vikmaths Arbeit zu sagen hast?« sekundierte ich dem schweigsamen Freund.

»Genügt das nicht?« war Dorettes Antwort, deren Hohnblitz uns beide vernichten sollte.

»Es ist eigentlich traurig, wie dieser gescheite Mensch sich lächerlich macht«, sagte mir Vikmath auf dem Heimweg.

Es ist in der Folge auch so geblieben. Und obwohl Hummels Ehrgeiz später in Wien durch eine erfolgreiche Anwaltstätigkeit, durch parlamentarische Karriere, auch durch literarische Anerkennung, ja Aufführung von Stücken im Burgtheater hinreichend hätte gesättigt sein können, überraschte er mich einmal, viel später, bei einem zufälligen Zusammentreffen auf der Straße, durch folgende Ansprache: »Du, Brodos, warum sehen wir einander eigentlich so selten? Schade. Ich habe dir zu deinem fünfzigsten Geburtstag gratulieren wollen. Verzeih, ich habe es nicht getan, es wäre ein zu langer Brief geworden – aber interessant. Eigentlich schade, daß ich dir ihn nicht doch geschickt habe. Er war schon halbfertig. Mehr ein Buch als ein Brief. Ich wollte dir über meine ganze literarische Entwicklung berichten, über jedes einzelne meiner Werke, ich wollte sie dir Schritt für Schritt erklären...« Ein sehr passender Brief zu *meinem* Geburtstag, dachte ich damals. Und ein Satz Vikmaths nach jenem Pierson-

Zwischenfall kam mir ins Gedächtnis: »Es wird nie besser um die Menschen bestellt sein, solange sie nicht einsehen, daß Egozentrismus geradezu die ärgste Schande ist.«

Die Geschichte der Menschheit zu schreiben als die Geschichte ihrer Phantasielosigkeit – das sollte einmal versucht werden. Denn Egozentrismus und Phantasielosigkeit sind ja dasselbe. Und seltsam, daß gerade da, wo der Mensch sich vom planen Grund der Erde wegzuheben scheint, als Schriftsteller, als Musiker, Maler – daß gerade da, in diesen gewissermaßen geheiligten Bezirken, Eitelkeit und Egozentrismus am heftigsten wüten. Hier sind sie ja doppelt schändlich. Es muß einen vor Ekel schütteln, wenn man sich's vorstellt: Phantasielosigkeit da, wo man Phantasie sozusagen zum Beruf gemacht hat! Und gibt man in diesen Kreisen nicht vor, ja, zieht man nicht das vorgebliche besondere adelige Lebensrecht daraus, daß man die niederen Triebe der Menschen ablehnt, analysiert, bekämpft, daß man sie ins Schöne emporzuheben behauptet? »Alle Guten sind genügsam«, hieß es einst. Aber das wird offenbar vergessen, sobald das liebe Ich mitagiert. Übrigens nicht bei den Künstlern allein. Würden sonst die Araber von ihren Moscheen aus die Gassen von Tel-Aviv beschießen?

Schriftstellerischer Ehrgeiz ohne Maß und Ziel führte damals Hummel, die schöne »Dorette«, zu einer Tat, die hart ans Verbrecherische streifte – vorausgesetzt, daß die Dinge sich wirklich so abgespielt haben, wie wie sie in jenen Tagen deuteten. Freilich ist über das, was wirklich geschehen sein mag, nie etwas hervorgekommen. Die Auszeichnung des Sachverhalts liegt wahrscheinlich noch heute in den Archiven der Prager

Polizeidirektion, falls sie nicht längst, wie der altösterreichische Amtsausdruck lautet, »skartiert« worden ist, das heißt: eingestampft – nach Ablauf einer gewissen, für Akten vorgezeichneten Lebensdauer.

Vikmath selbst wird vielleicht mehr von den damaligen Ereignissen in Erinnerung behalten haben als ich. Er war ja der eigentliche Held des abenteuerlichen Geschehens. Gut, daß er jetzt unversehens aufgetaucht ist, nach einer so langen Reihe von Jahren, in denen ich ihn nicht gesehen habe. Ich werde ihn nach Einzelheiten fragen, die mir entfallen sind. Ich brenne darauf. Er muß ja nun bald aus dem Haus zurückkommen. Wollte er nicht bloß seine »Theke« holen? Immer noch warte ich auf der Gasse, vor der Gartentür, im Nebel, der salzig schmeckt ... wie lange warte ich eigentlich schon? Ich wüßte es nicht zu sagen. Vielleicht Stunden, vielleicht erst eine kleine Weile lang; es gehen einem ja manchmal, wenn man erregt ist, binnen weniger Minuten Millionen von Gedanken und Eindrücken durch den Kopf. Und zumal, wenn die Kugeln knallen, wie jetzt wieder. Das wirkt inspirativ. Zwischen Leben und Tod – da fällt einem wohl mit Recht allerlei ein, der ganze Lebenstraum, wie er hinter einem liegt.

Es ist übrigens nicht erstaunlich, daß ich mich nur ungenau der Dinge entsinne, die sich gegen den Abschluß unserer Gymnasialjahre hin zusammendrängten – obwohl sie das ernsthafteste Erlebnis jener Zeit bildeten, dem nichts Kindisches mehr anhaftete, wie etwa den Kneipen, dem Kampf gegen den Oger und anderem Kleinkram dieser Art. Aber jenes Ernsthafte, Große merkte man gleichsam erst im letzten Moment, da es als ausgewachsene Affäre hervortrat – und nur im

Rückblick tritt es freilich besonders klar hervor. In vorbeirollender Zeit aber, in der Gegenwart, wie wir sie erlebten und wie sie jetzt, einem Traume gleich, einem Traum im Nebel, nochmals an mir vorbeizieht – da war uns etwas anderes weit wichtiger: die Maturitätsprüfung, die herannahte.

Das ganze letzte Schuljahr stand ja in ihrem Schatten, ihr galten unsere Sorgen, unsere mehr oder minder verzweifelten Maßnahmen. Einige von uns, auch Vikmath und ich, kamen damals häufig in der Hummelschen Wohnung zusammen, um uns auf die Prüfungsfragen, wie frühere Geschlechter sie gesammelt und überliefert hatten, gemeinsam vorzubereiten. Bei dieser nützlichen Arbeit stellte die Dandygruppe ihren Zynismus ein. Alte Feindschaften wurden begraben, praktische Arbeit übertönte in Notzeit alles andere. Nur daß doch etwas Störendes, empfindlich Störendes auch mit dabei war – das Atelier an der Biegung, am Knie des teppichbelegten Ganges in dieser Stadtparkwohnung. Hier schuf Dorette ihre Plastiken, die wirkliche Dorette, die ich von jetzt ab von dem Mittelschüler, der nach ihr zubenannt war, sondern muß. Schlüpfte ich an diesem Atelier vorbei, dessen Tür öfters offen stand, so sah ich das schlanke Mädchen neben roten und hellgelben Tonklumpen in einem Raum hantieren, der im Gegensatz zur ganzen übrigen eleganten Wohnung schmutzig, unaufgeräumt aussah, mit seinem Gips und weißem Kalkstaub auf dem Boden, an den Wänden. Aber dabei imponierte mir dieser bauhütten- oder maurermäßige Raum weit mehr als alles hier – der schönen Dame wegen, und ihres verehrungswürdigen Berufs wegen erst recht. Wann wurde ich ihr eigentlich vorgestellt? Bei welcher Gelegenheit? Vergessen. Nebelwetter des Gedächtnisses.

Dorette war ebenso hochmütig wie ihr Bruder, ja es schien, daß die Jahre, um die sie älter war als er, sich in Form gesteigerten Hochmuts ausdrückten. Trat sie einmal, nicht mehr in ihrer Ateliertracht, sondern in zarter Eleganz ihrer jungen Damenhaftigkeit, in das Zimmer ein, in dem wir lernten – rings um sie ein Hauch frischen leichten Parfüms –, so bemerkte sie offenbar nur ihren Bruder, wandte sich nur an ihn. Zu ihm sprach sie in liebreichen, scherzenden Worten, uns sah sie nicht. Sie brachte manchmal ein Tablett mit einer Karaffe, mit Brötchen und Weingläsern. Es war als besondere Ehre für uns gedacht, daß nicht, wie sonst immer, das Stubenmädchen kam, sondern Mademoiselle selbst – doch die Ehre galt sichtlich nicht uns als Personen, galt vielmehr den Freunden ihres Bruders, dem sie zunickte. Und wie schön war dieses stolze Geschöpf. Bleich, eine Salome, mit dunklen Locken, Kohlenaugen, darin ihrem Bruder ähnlich, nur feiner, schwebender gleichsam. Namentlich ihre weißen, schmalen Hände bewunderte ich, als seien sie aus Marmor geschnitzt, nicht Natur. Und in den Wangen, so grazil sie waren, bildeten sich gleichwohl winzige Grübchen, wenn sie lächelte.

Doch ehe meine Beziehung zu Dorette sich entwickelte – spreche ich wirklich von Entwicklung? Ich meine: zu dem Nichts entwickelte, das dann ihr Höhepunkt war –, ehe die schmerzlichen Liebeswellen über mich hereinbrachen, kam es in dieser Wohnung zunächst zum Ansturm Hummels auf Vikmath.

Es ging um ein satirisches Gedicht Vikmaths, das er für unsere Kommerszeitung geschrieben hatte. Wir –

die gemeinsam Lernenden – waren nämlich gleichzeitig, gleichsam im Nebenamt, die Redaktion des Blättchens, das auf den schon erwähnten Gelatineplatten vervielfältigt wurde und mit dem wir jedesmal unsere Kollegen im »Handwerkerverein« beglückten. Vikmaths Verse waren immer die gesuchtesten. Ihr Witz traf die Professoren, aber auch die allgemeinen Zustände in Stadt und Reich. Das Pseudonym »Vikmath« wurde unter uns berühmt, wurde zur Marke, die in keiner Ausgabe der kleinen Scherzschrift fehlen durfte.

»Das ist ja sozialistische Agitation!« rief Hummel einmal bei der Redaktionssitzung. Sein eigenes Geschreibsel lag in Bergen auf dem Tisch; niemand war von diesem schwülstigen Beitragsballast über kranke Orchideen, Absinth und verworfene Mädchen entzückt, den er uns unverdrossen aufdrängte. Nun rächte er sich durch Gegenangriff. »Ich werde nie zulassen, daß sich in unserer Zeitung eine Filiale des ›Freisozialistischen Klubs‹ etabliert.« Er wußte den Namen! Wer konnte ihn verraten haben? Vikmath zuckte nicht mit der Wimper; ich folgte dem Beispiel seiner Kaltblütigkeit.

»Professor Kotyka mag ein vorzüglicher Lehrer gewesen sein«, fuhr Hummel aufgeregt fort. »Posito, non concesso. Aber ich sehe nicht ein, was seine Ideen mit unseren Kneipen zu tun haben.«

»Das sehe ich auch nicht ein«, parierte Vikmath. »Und daher verstehe ich auch nicht, warum du von ihnen redest.«

»Willst du etwa leugnen, daß du von diesen Ideen beeinflußt bist? Da, man lese das Gedicht genauer. ›Der Advokat des Kapitals – der Ritter Cicero hat sich erfrecht – er reitet auf das Kapitol – und attackiert der Armen Menschenrecht.‹ Wenn das nicht nackter Sozialismus ist . . .«

»Ich finde, es ist nichts als Menschlichkeit, wenn auch in schlechten Versen«, gab Vikmath zurück.

»Du leugnest also, daß du diesem Klub angehörst?«

»Ich weiß gar nicht, wovon du redest.« Vikmath hielt sich gut. Provokateuren mit allen Mitteln Widerpart zu bieten, hatte man uns im Klub eingeschärft. Man sollte klug zurückweichen und nur herauszufinden suchen, woher sie ihre Nachrichten bezogen. Das tat denn Vikmath später auch wirklich, er versuchte es zumindest – und gerade dabei geriet er in die Falle, die ihn erledigte.

Das Manöver des Rückzugs führte Vikmath für diesmal umsichtig genug durch. Gegen den allgemeinen Widerspruch der Redaktion, sogar der engsten Freunde Hummels, zog er sein Gedicht zurück. Er legte ohnehin keinen Wert auf diese Späße, die man ihm nur abzwang, weil man sich von ihnen, in Fortsetzung seiner Imitationskunststücke, ein besonderes Amüsement versprach. Die Lücke füllte Hummel mit eigenen Produkten, besetzte diesmal fast die ganze Nummer allein. Und gerade das brachte ihm die Niederlage. In der Kneipe wollte niemand den kleinen Betrag erlegen, mit dem man (»zur Erstattung der Druckkosten«) unsere Zeitung zu kaufen hatte. »Kein Gedicht von Vikmath?« sagten einige ganz offen und legten das Blatt enttäuscht auf den Tisch zurück. Fast die ganze Auflage von dreißig Stück blieb unabgesetzt.

Es war ein arger Schlag für Hummels Geltungsdrang. Sein Temperament erlaubte ihm nicht, den Vorfall mit Schweigen zu übergehen. Es kam zu einem Wortwechsel mit dem Repetenten Ebenhöh. Duellforderung – das Duell natürlich erst nach der Matura auszutragen. Eingreifen der Schwester an einem der folgenden Tage, die mit Anzeige an die Direktion drohte. Ehrenrat. Ich muß gestehen, daß von hier an meine Erinnerungen immer unklarer werden, verworren – nur Fetzen einer trüben Gegend und wie in den Nebel dichter Leidenschaft eingehüllt, die mich damals befiel. Es mag nun wohl auch manches Ungenaue, ja Unrichtige mitunterlaufen. Nicht alle Fäden sind mir verständlich geblieben. Manche errate ich nur ... Vikmath und ich wurden im Namen der Klasse zu Dorette – der wirklichen Dorette – geschickt, um den Skandal Ebenhöh beizulegen. Eine Erklärung Hummels sollte statt des Duells genügen, die Sache mußte irgendwie in Ordnung gebracht werden. Jetzt, im Maturajahr, war uns ja ein Konflikt mit der Lehrerschaft durchaus unerwünscht.

Wir saßen mit Dorette in ihrem staubig verluderten Atelier. Zum erstenmal bemerkte sie uns. Wir waren ja in einer Angelegenheit ihres Bruders gekommen. Sie behandelte uns gleichsam als Erwachsene, ja mit besonderer Liebenswürdigkeit. Ein langes Gespräch. Bei Likörgläsern.

»Du hast dich in sie verliebt«, sagte mir Vikmath, als wir nach Hause gingen.

»Oder du in sie.«

»Ich warne dich vor ihr. Sie tut alles nur für den Bruder. Wogegen ja an sich nichts einzuwenden wäre.«

»Sei gleichfalls gewarnt. Du entschuldigst sie ja schon.«

Vikmath erklärte mir, daß er durchaus gewillt sei, den Verkehr mit Dorette fortzusetzen. Und zwar aus dem einzigen Grund – »nun, da bin ich wirklich neugierig« –, weil er der Informationsquelle auf der Spur sei. Nun werde er herausbringen, wer unseren Klub verpetzt habe. Und wie weit. Ein ehemaliger Schüler Kotykas vielleicht, jetzt Tanzstundenverehrer Dorettes.

Einige Tage später. Dorette zu mir, allein: »Ich möchte Ihre Hände modellieren. Ihre Hände sind schön.« Es schien mir ganz unmöglich, daß eine Frau, die selbst so über alle Beschreibung wundervolle Hände hatte, sich um die meinen kümmern sollte, die mir bis dahin in keinem Betracht als bemerkenswert erschienen waren. Sie hatte meine Rechte zwischen ihre beiden Hände genommen und fuhr mit ihren Handflächen ganz langsam, leise kitzelnd, gleichsam modellierend rund um meine Hand. Ein beglückendes Gefühl. Die Wärme der weichen Berührung stieg mir wie mit feinen Nadelstichen in den Kopf.

Plötzlich riß sie meine Hand empor, an ihren Mund, und biß mir heftig in den Handballen. Die Spur ihrer eingebohrten Zähnchen brannte, war dann noch wochenlang als roter Strich zu sehen. Wehmütig strich ich oft über ihn, bemerkte, daß er allmählich verblaßte. Ich war unglücklich, als er ganz verschwand.

Wie sehnte ich mich danach, daß sie noch einmal meine Hand zwischen ihren Händen festhalten solle. Es ist nie wieder geschehen. Auf einen zweiten Biß wagte ich gar nicht zu hoffen.

Schon der eine hatte mich selig gemacht. »Sublimi feriam sidera vertice.« (»Mit erhobenem Scheitel schlage ich an die Sterne.«) Horaz hatte das nur für mich gesungen.

Ich durfte nun oft mit ihr im Atelier sein. Ein

schwacher Versuch, meine Hand nachzubilden, wurde zu meinem äußersten Mißvergnügen gemacht – ich schämte mich der Schaustellung und bat, die Sache fallen zu lassen. Statt dessen gab es lange Gespräche. Einmal auch über Proft. Er unterrichtete, außer am Stephansgymnasium, auch im Mädchenlyzeum in der Wladislavgasse. Aber dort war er ganz anders – der freundlichste, reizendste Lehrer, nie erzürnt. Die Mädchen hatten ihn gern. Das wußten wir längst. Gerüchte waren zu uns gedrungen, daß man im Lyzeum nicht verstand, warum wir vor Proft zitterten. »Ganz einfach ein Charmeur«, erklärte mir Dorette, die erst vor wenigen Jahren dem Lyzeum entwachsen war.

Eine gewisse Absichtlichkeit, mit der Dorette das Gespräch auf unsere gymnasialen Zustände gelenkt hatte, war mir nicht entgangen. Machte sich mir unangenehm fühlbar. Dennoch konnte ich nicht widerstehen. »Wahrscheinlich ist er dem Zauber des schönen Geschlechts gegenüber nicht unempfindlich« – in dieser gezierten Form pflegte ich immer mit Dorette zu reden – aus Verlegenheit. »Ach, daran erkenne ich den Gymnasiasten«, sagte sie höhnisch, dem Bruder ähnlicher als je. »Es hat natürlich reine Portemonnaiegründe. Das Lyzeum ist eine Privatschule. Da kann er gekündigt werden, bei euch als Staatsbeamter nicht.«

Ich erinnere mich genau, daß ich in diesem Moment, trotz aller Schönheit, die mich bezaubert hielt, die Zugehörigkeit des Mädchens zur Dandygruppe spürte und wachsam zu sein beschloß. Und richtig, von Proft kam sie auf Kotyka zu sprechen – dann fragte sie mich nach der Adresse des »Klubs«. Sie würde gern selbst einmal hinkommen, interessiere sich für alle modernen Probleme . . .

Mich packte das Grauen. Diese Salome arbeitete im Dienst ihres Bruders, der sich immer noch durch Vikmath gedemütigt fühlte, der sich rächen wollte.

»Ich weiß von keinem Klub«, sagte ich mit Ruhe und zuckte vor ihrem glühenden Blick nicht zurück.

Von da an wich ich jeder Begegnung mit Dorette aus, soweit dies ohne Auffallen möglich war – und in den Nächten weinte ich um das Mädchen, schrie nach ihren weichen Händen. Meine Standhaftigkeit nützte aber nicht viel; denn kurze Zeit nachher erschien Dorette an Vikmaths Seite im Klub. Er führte sie als Gast ein. Offenbar war es ihr gelungen, ihn völlig verrückt zu machen. Die einzige Schwäche, die ich je an ihm bemerkt habe – und auch sie vielleicht nur eine Folge seiner Unerfahrenheit in den niederen Dingen, ein Absenker seines kindlich reinen Vertrauens, das auf das Gute in der Menschennatur baute.

Übrigens habe ich doch einen Fehler begangen. Ich hätte Vikmath sagen sollen, daß Dorette bei mir eine Ausfragerei versucht hatte. Dann wäre ihm vielleicht ein Verdacht aufgestiegen. Hätte es aber nicht so ausgesehen, als wollte ich das Mädchen bei ihm schlechtmachen, den Rivalen von ihr abbringen? Diesen häßlichen Schein fürchtete ich. Allzu sehr fürchtete ich ihn. Den Schein soll man nie zu vermeiden suchen, nur die häßliche Wirklichkeit. Und wer weiß, vielleicht spielte noch eine andere Gefühlskette mit: Dorette hatte sich nicht gut zu mir benommen – eigentlich sogar in aller Falschheit des Herzens, so geringfügig der Anlaß war. Aber deshalb das, was zwischen ihr und mir vorgefallen war, preisgeben? Nein, das Geheimnis gehörte mir. So wenig es war, nur mir! Und deshalb schwieg ich.

Ich tröstete mich aber mit dem Gedanken, daß ich ja

das Meine getan und nichts über den Klub verraten hätte, nun solle Vikmath für seinen Teil sorgen, er war ja ebenso alt wie ich. Ich versuchte ein übriges und warnte ihn vor Dorette, in allgemeinen Worten. Es kam natürlich so heraus, als gönne ich ihm ihre Zuneigung nicht. »Eifersucht?« sagte er, etwas schnippisch. Dennoch war es ein Fehler von mir. Ich hätte weitergehen sollen, völlig offen und konkret. Wie oft habe ich nachher diese kleine Unterlassung verwünscht! . . . Später allerdings bin ich nie mehr mit Vikmath auf all das zu sprechen gekommen. Andere Bestrebungen, neue Perspektiven schoben sich dazwischen, nahmen unsere Herzen ein – die Gymnasialaffäre blieb verloren und vergessen, samt allem, was drum und dran hing.

Jetzt verstehe ich auch, warum ich ihn heute mit so ganz besonderer Freude begrüßt habe. Ich habe ein Geständnis nachzutragen. Das Geständnis, daß ich damals, zur Zeit der »Angelegenheit Dorette«, doch nicht ganz ehrlich gegen ihn gewesen war. Dies Nachholen soll in den nächsten Minuten geschehen.

Die genaue Verkettung der Geschehnisse blieb, wie gesagt, im dunkeln. Nur so viel ist klar, daß zwei oder drei Tage nach Dorettens Debüt im Klub – die Anzeige kann aber ebenso gut von anderer Seite eingegangen sein – Geheimpolizei das Klublokal besetzte, die Anwesenden verhaftete, unter denen sich zufällig weder Vikmath noch ich befanden, und die Schriften, auch das Verzeichnis der Mitglieder, mitnahm. Bei der Untersuchung stieß man auf Vikmaths Namen. Ich hatte, wie immer, mehr Glück als er. Da ein Gast erst nach einjähriger Bewährungsfrist zum Mitglied aufrücken konnte, stand mein Name nicht in den Listen.

Die Gerichtsmaschinerie setzte sich heulend in Bewegung. Neben ihr arbeiteten die Disziplinarkommissionen aller Prager Gymnasien. Direktor Raxendorfer erhielt reichlich Gelegenheit, über das Thema »Vernunft und ruhige Überlegung« tobende Reden loszulassen. Nußknackerhaft gelenkig stand er da und schleuderte aus seinen riesenhaften Mundwinkeln die Schalenscherben mißbrauchter Phrasen wie einen Hagel gegen die Klasse. Wie viele Punkte der heilige Disziplinarordnung waren verletzt – es war gar nicht zu Ende aufzuzählen: Beteiligung an Vereinen, politische Betätigung, nächtlicher Ausgang ohne Begleitung Erwachsener und so fort und so fort. Im Zuge des Verfahrens kamen gar auch noch unsere harmlosen Kneipen an den Tag – das schien uns denn doch unwiderlegbar darauf hinzudeuten, daß die Anschuldigung von Hummels Haus ausgegangen war. Der Denunziant hatte sich wohl durch zügellose Angeberei straffrei gemacht. Und anderen wurden einzelne Beiträge in der »Kneipzeitung«, die gleichfalls entdeckt wurde, vorgeworfen – sogar die gesprochenen Porträtstudien Vikmaths, die uns so erfreut hatten, bildeten einen Anklagepunkt gegen ihn, um den das Hauptgewitter sich zusammenzog. Und all das Unheil durch Dazwischenkunft einer Frau herausgekommen! Das erinnerte uns selbstverständlich an die catilinarische Verschwörung, die ja auch von einer Dirne verraten worden war. Wenig fehlte, und wir hätten uns in einem welthistorischen Licht gesehen. Eine Massentragödie!

Schließlich aber wurden nur die Anklagen wegen des in Österreich damals noch sehr übel verrufenen »Sozialismus« und »freien Gedankens« aufrechterhalten. Im Bereich unseres Gymnasiums war nur Vikmath zum Schlußverfahren vor den Hauptdisziplinarrat vorgeladen.

Hummel und Dorette hatten ihren Triumph.

Es drohte ja immerhin Relegation von allen österreichischen Mittelschulen, das gefürchtete »Consilium abeundi«, das jedes weitere Studium, den Übergang an die Universität unmöglich machte.

Das mußte um jeden Preis verhütet werden. Wir hielten in meiner Wohnung Beratungen ab. Repetent Ebenhöh erbot sich ganz einfach, diesen elenden Polizeispitzel, den Hummel, der vor jedem Duell doch nur kneife, in der Klasse zu stellen und mit einem großen, kantigen Pflasterstein umzubringen. Man beruhigte ihn mühsam. Nach erregtem Wortwechsel wurde beschlossen, daß ich sofort, noch am selben Abend (denn die Zeit drängte), in die Hummelsche Wohnung gehen und dem Verbrecher die Niedrigkeit seiner Handlungsweise vorhalten solle, um ihn womöglich zur Zurücknahme seiner Zeugenaussage zu bewegen. Daß Hummel insgeheim als entscheidender Zeuge gegen Vikmath aufgetreten war, daran zweifelte, je näher das Hauptverfahren heranrückte, immer seltener einer von uns.

Ich erinnere mich genau, wie mir bei Annäherung an den Stadtpark, Hummels Wohnquartier, die Füße immer schwerer wurden.

Den Löwen in seiner Höhle aufsuchen – es war doch schwerer, als ich es mir vorgestellt hatte.

Das vornehme, weitläufige Haus, nicht ganz neu, aber blitzsauber, zeigte über den Parkbäumen nur wenige beleuchtete Fenster. Trotz seiner Größe wurde es nur von drei Familien bewohnt; jede nahm ein ganzes Stockwerk mit vielen Zimmern, eigentlich eine Doppelwohnung, für sich ein. Hummels wohnten im ersten Stock. Kam man die Treppe hinauf, so flankierten einen rechts und links die hohen, schmalen weißen Wohnungstüren. Man wußte nie, an welcher man läuten sollte. Läutete man rechts, so wurde links geöffnet – und umgekehrt. Schon das setzte einen jedesmal aufs neue in Verwirrung, die der livrierte Diener oder das schwarzgekleidete Stubenmädchen mit weißem Schürzchen, weißer Haube nur noch steigerten. Ich ging durch den langen Korridor mit dem roten Teppichläufer. Das Atelier hinten war geschlossen. Hinter einer großen Türe hörte man leises Gläser- und Tellerklirren – offenbar saß dort die Familie beim Abendessen. Ich wurde in ein ziemlich weit entferntes Eckzimmer geführt, das ich noch nie gesehen hatte, vermutlich das Empfangsbüro vor dem Sprechzimmer des Vaters.

Sehr rasch erschien Hummel, wie immer besonders lebhaft, federnd, aus seinen schwarzen Augen blitzend. Sein Temperament und sein hochmütiges Gehaben hatten sich aber völlig aneinander angeglichen, sie waren jetzt im Einklang. Er stellte durchaus den verwöhnten jugendlichen Grandseigneur dar, der es im Bewußtsein seiner hohen Lebensstellung nicht nötig hat, Zurückhaltung und Distanziertheit zu spielen. Er konnte es sich erlauben, gleichzeitig heftig, heißblütig, ja wild, und doch allen unendlich überlegen zu sein. Dabei machte sein näselnder Sprechton gleichsam den Katalysator, an dem sich die entgegengesetzten Elemente seines Wesens mischten und in seltsamen Kristallen gemeinsam niederschlugen.

»Du weißt natürlich, weshalb ich gekommen bin«, ging ich ihn rücksichtslos an.

»Nein, wirklich nicht«, lispelte er, »aber du bist mir selbstverständlich zu jeder Tages- und Nachtzeit willkommen. Ich habe dir auch gerade heute etwas Interessantes zeigen wollen. Gut, daß du da bist. Nimm Platz, Brodos!«

»Es handelt sich um Vikmath – das ist dir doch wohl klar!«

»So, so, um Vikmath«, äußerte er zerstreut und besah sich dabei in einem Spiegel, von denen, wie ich jetzt erst bemerkte, das Eckzimmer eine ganze Reihe aufwies. Er zog seinen Westenausschnitt tiefer, drapierte seine Krawatte. »Was ist denn mit Vikmath los?« fragte er dann, mit einer Affektation von Gleichgültigkeit, die mir unerträglich schien.

»Red nicht so blöd!« fuhr ich heraus. »Du weißt genauso wie ich, daß in den nächsten Tagen die Kommission gegen ihn beschließen wird – vielleicht schon morgen. Wenn er hinausgeworfen wird: wer bürgt dafür, daß er nicht Selbstmord verübt? Freud ist ein ruhiger, besonnener Mensch, gewiß. Aber seine ganze Zukunft kann ruiniert sein. Du weißt, er ist aus armer Familie. Die Eltern haben das Letzte geopfert, damit er ans Gymnasium und dann auf die Hochschule kommt. Diese verdammte Polizeigeschichte schneidet ihm den Weg ab. Sein Vater ist zuckerkrank, er würde vielleicht die Aufregung, die Enttäuschung nicht überleben. Dann ist Vikmath schuld am Tode seines Vaters. Meinst du, daß ein anständiger, guter Sohn wie Vikmath so etwas aushält?«

»Ich wußte gar nicht, daß Vikmath noch einen Vater hat. Er hat mir nie von ihm erzählt. Es hätte mich auch wenig interessiert.« Er schnippte vor dem Spiegel ein

Stäubchen von der Schulter seines blauseidenen Hausrockes. »Aber nun will ich dir die Überraschung holen. Eigentlich wollte ich es dir erst morgen in der Schule sagen. Ach, da habe ich den Wisch ja in der Tasche. Lies! Die ›Jugend‹ hat ein Gedicht von mir angenommen.«

Ich starrte ihn an, dieses elende Ich, Ich, Ich. War es möglich? Während der Mitschüler vielleicht in den letzten Zuckungen seiner Qualen lag, paradierte dieser Laffe mit seinem kleinen Erfolg. Selbstverständlich hatte er den Brief schon beim Eintreten vorbereitet gehabt – seine Schauspielerei, die auf Effektsteigerung berechnet war, wirkte wie ein Brechreiz auf mich.

»Du sollst jetzt mit mir überlegen, was man für Freud tun könnte, um ihn im letzten Moment aus den Klauen des Schicksals zu retten!« rief ich, nun schon recht laut.

Darauf erwiderte er: »Zufällig ist es gerade das Gedicht: Kranke Lilie – dasselbe, das ihr für eure dumme Kneipzeitung abgelehnt habt. Nun, was euch zu schlecht war, ist dem Verlag Georg Hirth in München immerhin bedeutend genug erschienen ...« Er stand wieder vor einem Spiegel, legte sich eine seiner Haarlocken tiefer in die Stirn.

»Nun wirst du aber endlich auf mich hören!« schrie ich und schüttelte ihn, indem ich ihn um beide Hüften nahm.

Er sah mich erschrocken an.

»Ja, von dir ist die Rede, von dir. Du kannst ihn retten, du mußt ihn retten. Oder willst du dir etwa seinen Untergang aufs Gewissen nehmen? Du hast die verdammte Pflicht, dich morgen vor die Kommission zu melden und zu erklären, daß deine Angaben von Anfang bis zu Ende erlogen waren.«

»Ich verstehe dich gar nicht ...« Er wich um einige Schritte zurück. Ich mußte wohl den Anblick eines Rasenden dargeboten haben.

»Du verstehst mich ganz gut!«

»Ich habe nichts zu erklären, nichts zurückzunehmen. Ich habe doch gar keine Angaben gemacht. Ich weiß gar nicht, was du von mir willst.«

»Ich komme im Namen der Klasse. Es ist ein Beschluß.«

»Laßt mich in Ruhe! Ich habe mit der ganzen Affäre nichts zu tun. Sie langweilt mich.«

»Also, wer denn – wer hat mit der Affäre zu tun? Wer ist der Angeber?«

Ich sah ihm gespannt ins Gesicht. Er hatte seine sonst so strahlende Miene zu einiger Verdrießlichkeit herabgedunkelt. Zugleich musterte er mich abweisend, fern, kalt. »Kinderei!« kam es von seinen sich kräuselnden Lippen, voll von Verachtung. »Ich habe wirklich wichtigere Dinge im Kopf als euer Detektiv- und Indianerspiel.«

Wenn er jetzt nochmals von seinem Gedicht und der »Jugend«-Redaktion anfängt, schlage ich ihm die Faust ins Gesicht. Diesem Beschluß fügte ich innerlich sofort einen zweiten hinzu: Sollte er etwa, auf meine Frage »Wer hat denunziert?« seine Schwester bloßstellen, sich auf Dorette ausreden, dann prügle ich ihn gleichfalls windelweich. Ich ging entschlossen zur einzigen Tür des Erkerzimmers, sperrte ab und steckte den Schlüssel in die Tasche. »So, jetzt wirst du vielleicht doch antworten. Wer?«

»Das ist Beraubung der persönlichen Freiheit«,

schmollte er, ein kleines Lächeln versuchend. »Du weißt hoffentlich, daß so etwas unter das Strafgesetz fällt.«

»Ist mir ganz einerlei. Rede jetzt.« Ich näherte mich ihm. Zwei, drei Schritte.

»Ich hätte dich für weniger naiv gehalten. Schließlich sind wir doch schon erwachsene Leute.«

»Zum letztenmal – wer hat bei der Polizei gepetzt?«

Wenn er jetzt »Dorette« sagt . . . Zum Glück hatte er einen viel einfacheren Ausweg: hartnäckiges Leugnen.

»Ich empfehle dir, dich selbst beim Polizeipräsidium zu erkundigen«, sagte er obenhin, mit vollendeter Nonchalance. »Ich habe mich für diese ganze Metternich-Angelegenheit von Anfang an nicht interessiert. Daher kann ich auch nicht wissen, wer sie ins Rollen gebracht hat. Ist das logisch? Im übrigen sind mir eure ganzen Intrigen und Tratschereien längst viel zu klein und krähwinklig. Nach der Matura gehe ich sofort nach München. Dort werde ich vor allem den Prager Staub von meinen Schuhen schütteln, mich von euren Lächerlichkeiten zu erholen suchen, meine Bücher herausgeben . . .«

Ich, ich, ich – ja, war es denn ganz unmöglich, ihm klarzumachen, daß in dieser Stunde nicht von ihm, sondern von der Gefahr die Rede war, die Vikmath drohte?

»Das kannst du tun, wie du willst. Vorläufig aber bist du noch in Prag, und ich mache dich aufmerksam, daß einige Freunde geschworen haben, dir diesmal deinen Streich nicht durchgehen zu lassen. Wir werden unerbittlich sein.«

»Wie romantisch!« höhnte er und drehte sich auf einem Bein langsam vor dem Spiegel vorbei, indem er die Haarlocke zurückwarf und diese neue Wirkung beobachtete. »Habe ich dir überdies schon erzählt, daß ich neulich mit Gustav Meyrink bekannt geworden bin?«

Nun konnte ich mich vor aufschäumender Wut nicht mehr halten. Ich packte eines der Bücher, die auf dem Tischchen in der Zimmerecke lagen, und schleuderte es mitten in die Spiegelfläche hinein, seinem Spiegelbild gerade ins Gesicht. Sternförmig zersprang das Glas in zackige Scherben.

Da wurde Hummel denn doch recht blaß. »Was sind das für Dummheiten«, flüsterte er. »Meine Leute müssen das gehört haben. Mach die Türe auf! Was sollen sie sagen, wenn sie die Türe gesperrt finden! Rasch, mach auf!«

Ah, mein Bürschchen fürchtet den häuslichen Skandal! Nun hatte ich ihn! »Den Schlüssel bekommst du nicht. Oder nur unter der Bedingung, daß du mir hilfst, Vikmath zu retten.«

»Wie soll ich das tun? Du redest ja lauter Unsinn. Hast du getrunken?« Er kam ängstlich näher, schnupperte. »Gegen Vikmath habe ich nicht das geringste. Aber wie soll ich es anfangen, ihn zu retten?«

»Das wirst du schon hören. Zunächst versprich, daß du helfen willst!« Ich wußte noch selbst keinen Plan. In meinem Kopf sprangen gärende Gedanken auf und platzten wie Luftblasen. Etwas würde mir zur rechten Zeit schon einfallen – aber keineswegs hier, in dieser hochnäsigen Umgebung bürgerlicher Sicherheit. »Wir gehen zu Freud. Jetzt gleich. Wir werden zu dritt überlegen, einen Ausweg zu finden. Handschlag, daß du dich nicht ausschließt. Dann gebe ich dich frei.«

Er versuchte nochmals, arrogant die Nase zu rümpfen. Da hörte man draußen Schritte. »Hier meine Hand«, sagte er rasch.

Ich schloß die Türe behutsam-leise auf. »Jetzt zieh dich sofort um!« befahl ich.

Wirklich trat er einige Minuten später im Straßenanzug ein. »Ich weiß wirklich nicht, wie ich dazu komme – jetzt, zehn Uhr nachts! Papa habe ich anlügen müssen, daß wir eine Besprechung wegen der Matura haben.«

»Es wird vor dem Herrn Papa nicht deine erste und nicht deine letzte Lüge gewesen sein«, versetzte ich grob, schon auf der Gasse, wo ich mich förmlich von einer Last befreit fühlte. Dorettes Nähe hatte in der Wohnung doch wohl bedrückend auf mich gewirkt.

»Jetzt schleppst du mich da durch die nächtlichen Straßen, statt daß ich mich ausschlafen kann. Wo wohnt denn dieser Freud?« jammerte der schöne Hummel. »Irgendwo sehr weit. Nettes Vergnügen das! Ich glaube gar: am Quai, bei der Karlsbrücke. Du behandelst mich wie einen überführten Delinquenten. Was habe ich denn eigentlich getan? Wofür werde ich gestraft?«

»Dafür, daß du immer nur an dich denkst«, unterbrach ich sein klägliches Zetern mit plötzlich aufleuchtender Erkenntnis, in einem mich selbst überraschenden Überblick, und zerrte ihn vorwärts. »Zur Strafe sollst du dir mal auch über das Geschick eines andern den Kopf zerbrechen. Es ist die ärgste Schande, immer nur an sich zu denken. Das kommt dir unerhört vor, he? Deine Meyrink-Bekanntschaft und deine Verse in der ›Jugend‹ stehen an Wichtigkeit natürlich hoch über den blutigen Schmerzen eines fleißigen, braven Kollegen, dem jetzt das Wasser bis ans Maul reicht! Gut, ich will zu deiner Ehre einmal annehmen, daß du unschuldig an Vikmaths Schlamassel bist, daß du nichts getan hast, um ihn hineinzulegen. Posito, non concesso – wie du zu sagen pflegst. Aber was hast du bisher getan, ihn aus dem Schlamassel *herauszuziehn*? Auch das ist Grausamkeit – wenn man mitleidlos und gleichgültig das Böse geschehen läßt, ohne einzugreifen.« Ich trieb ihn durch einen Stoß in den Rücken an. Die tiefe Ruhe der einsamen Straßen, in denen unsere Schritte hallten, hatte nun wirklich etwas an sich, was mich betrunken machte; die Dunkelheit unter den Lauben der Altstadt schien mich anzufeuern und zugleich zu betäuben.

»Hast du Nietzsche gelesen?« wandte nun Hummel ein, plötzlich stehenbleibend.

Ich ließ nicht zu, daß er haltmachte, hetzte ihn weiter. Wie leicht konnten wir zu spät kommen! Vikmath hatte sich möglicherweise schon umgebracht, ohne das nächste Morgenlicht abzuwarten. Verzweiflung! Das grausame Prag – diese drei Worte gingen mir dabei rauschend durch den Kopf. Eine Stadt der Kriege, der Schreckenstaten, der Fensterstürze. Wir betraten in unserem eiligen Lauf den Ringplatz. Waren hier vor dem Rathaus nicht den protestantischen Herren und Stadtbürgern die Köpfe durch Henkershand abgeschlagen worden? Und drüben über die hohen Türme der Theinkirche weg sausten die Fanfaren der Hussitenkämpfe. Noch etwas weiter moldauwärts stand die halbunterirdische Synagoge, in deren finsterem Mauergeviert einst der Pöbel die ganze wehrlose jüdische Gemeinde niedergemetzelt hatte. Ein Rauschen in der Luft: Grausame Stadt, grausame Stadt! Es war, als reite das Entsetzen mir im Nacken. Zitternd, schweißtriefend eilte ich vorwärts – Hummels Arm ließ ich nicht mehr los. Schlaff hing sein Körper an meiner fest zugreifenden Hand. Hummel zeigte keinerlei Eifer, rasch zu Vikmath zu kommen. Er wollte nicht, er mußte. Offenbar hatte er Angst vor mir. Durch die engen Gäßchen der »Judenstadt« riß ich ihn mit fort, in denen es schal und alkoholisch roch – an Butiken und gelb erleuchteten Vorhängen kleiner Bordelle vorbei, in deren Hausflur halbverdeckt alte Weiber saßen und einen heiser anriefen: »Junger Herr – junger Herr!« Auch dieses ganze Unwesen war ein Betrieb der Grausamkeit, das wußte ich schon recht gut aus den Vorträgen in unserem soziologischen Verein – wußte es, obwohl ich noch nie solch ein Haus betreten hatte. Schon die Namen der Gassen in dieser einstigen »Judenstadt«, in der längst nur ganz wenige Juden wohnten, eine verschwindende Minorität gegenüber den andern, die aber immer noch in ihrer Düsternis so hieß wie dereinst – schon die Namen der Gassen flößten mir Grauen ein, so wie die roten Laternen mir wie fließendes Blut unheimlich und ein Abscheu waren: Karpfengasse, Hampjes, Enge Gasse, Am Stockhaus. Und irgendwo in der Ferne gab es den »Badhof«, von schrecklichen Jugenderinnerungen umschwebt, die allmählich die Gestalt klappernder Skelette angenommen hatten. Vielleicht hatte diesen »Badhof« – ich weiß es nicht – bereits die »Assanierung« mit der Spitzhacke zerstört, die in diesem Stadtviertel nach Jahrhunderten der Verwahrlosung endlich Ordnung schuf.

In meinen Kindertagen war ich überdies recht gern

zu diesem »Badhof« gegangen, einem kleinen grauen Gebäude, in dem eine entfernte Verwandte hauste, eine Urtante . . . mit großen Poren im spitzen Kinn. Ich hatte sie gern; denn sie war sehr freundlich zu mir, die alte, fromme Frau. Ich bekam dort immer Kuchen und durfte mir unbegrenzt lang Bilder in alten Jahrgängen von Zeitschriften anschauen, die »Gartenlaube« und »Über Land und Meer« hießen. Mehr brauchte es nicht, um mich völlig glücklich zu machen. Die Gouvernante, der ich anvertraut war, konnte ich allerdings nie ganz leicht zu diesem Spaziergang bewegen. Den Grund sah ich erst in viel späteren Jahren ein: im Nebenzimmer lagen nämlich unter langen schwarzen Tüchern die Toten, die anderntags beerdigt werden sollten. Das Kind hatte keine Angst, wenn es manchmal in das Totenzimmer geführt wurde und wenn man ihm erzählte, am Handgelenk jeder Leiche sei eine kleine Glocke angebracht, die von selbst ins Läuten komme, wenn etwa einmal ein Scheintoter aus seinem Schlafe erwachen sollte. Ich fand das als Kind sogar sehr hübsch – erst in der Folgezeit, in der Erinnerung gruselte es mich bei diesen Bildern. Und tanzende Totenknochen schlugen den Takt zu den Schauern, die mir über den Rücken liefen.

Am Ende lag auch schon Vikmath unter solch einem schwarzen Tuch?

Ich klingelte an seiner Wohnungstür. Die Vermieterin, in unserer Redeweise nie anders als »Hausschachtel« genannt, öffnete – ihr rotes, faltiges Gesicht drückte Erstaunen aus. So spät in der Nacht!

»Wir wollen zu Herrn Viktor Freud.«

»Aber er schläft!« rief sie.

Ich ließ sie hinter mir. Er hat sich schon umgebracht, fuhr es in mir auf.

Der Mond schien in das einfache Zimmer, und im Bett lag Vikmath, schlief glücklich und zufrieden den tiefsten Unschuldsschlaf, aus dem auch unser hastiges Eintreten ihn nicht weckte. Im Schlaf sehen die meisten Menschen häßlicher aus als sonst, entstellt, gelähmt. Vikmaths Gesicht war durch den Schlaf verschönt – es zeigte die regelmäßigen Züge eines jungen Mädchens. Er atmete friedlich, sanft.

»Nun siehst du!« stieß mich Hummel vorwurfsvoll an. »Du bist einfach verrückt. Zur Aufregung war nicht der geringste Grund. Ich könnte mich ohrfeigen, daß ich mit dir gelaufen bin. Wenn du nächstens einen Rückfall ins Pubertätsfieber kriegst, so kannst du das gefälligst mit dir allein ausmachen.« Er hatte seine ganze Souveränität wiedergewonnen, ließ seinen Feuerblick triumphal an mir niedergleiten.

»Meinst du, daß wir ihn wecken sollen?« zögerte ich, nun unsicher geworden.

Er murmelte etwa wie »Dementia praecox«. Aber da wir schon einmal den weiten Weg gemacht hätten ...

Ganz leicht war es nicht, Vikmath aus seinen Träumen zu rütteln, den Träumen des Gerechten.

»Was ist los? Was bringt ihr?« Er faßte sich im Nu, wünschte aber nicht, daß wir im Zimmer blieben, während er sich umkleidete. Es zeigte sich, daß er sehr schamhaft war.

Als wir wieder eintraten, hatte er eine Lampe entzündet, deren Licht dem Zimmer sofort einen völlig anderen, fröhlicheren Charakter gab.

Ich schlug vor, er solle uns mitteilen, was er bisher

bei den Einvernahmen zu Protokoll gegeben habe. Wir beide seien dann bereit, auf Grund seiner hoffentlich nicht allzu offenherzigen Aussagen irgend etwas zu deponieren, was ihm nützen, was mildern könne.

Es war ein seltsamer Ratschlag. Hummel folgte nur widerwillig, war nur durch meine tobenden Forderungen eingeschüchtert, hob aber immer wieder hervor, daß ihn im Grunde das alles überhaupt nichts angehe. »Wieder denkst du nur an dich!« bedrohte ich ihn mit gehobener Faust. Ich selbst widersprach mir mit jedem neuen Satz, wußte in keiner Weise, worauf ich eigentlich hinauswollte, benahm mich wie von Sinnen, indem ich »diese grausame Stadt« schmähte; zuletzt geriet ich ins Schluchzen, umarmte Vikmath: »Ich will dich nicht verlieren, ich will dich nicht verlieren.«

Der einzig Vernünftige war Vikmath. »Es ist sehr schön von euch«, sagte er, »daß ihr Sorge um mich habt. Aber ihr übertreibt. Ich habe nichts Unrechtes getan. Und für das, was ich getan habe, will ich gern die volle Verantwortung tragen.«

Gute männliche Worte, die mich vielleicht beruhigt hätten – wäre nicht Vikmath in der Folge auf Professor Kotyka zu sprechen gekommen, von dem er diese Maximen, so sagte er, übernommen habe. Das gab mir nun wieder einen Peitschenhieb. Hatte denn nicht gerade Kotyka durch Selbstmord geendet? Schönes Beispiel in diesem Augenblick!

»So kommen wir nicht vorwärts«, ereiferte ich mich aufs neue, »wir gehen wie die Katze um den heißen Brei. Vikmath soll endlich konkret werden. Was hast du ihnen erzählt?«

Kindlich reiner Ernst lag auf Vikmaths weißer Stirn.

»Die Verhandlungen vor der Kommission waren geheim. Man hat mir das Ehrenwort abgenommen!«

Eine Pause trat ein, bedrücktes Schweigen.

»Solch ein Ehrenwort gilt nicht«, meinte Hummel. »Es ist unter Zwang gegeben.« Und nach einer Weile. »Wenn ihr schon die Polizei für unsern Feind haltet, so müssen wir ihr mit allen Waffen entgegentreten, die uns zur Verfügung stehen.«

»Auch mit einem gebrochenen Ehrenwort?« fragte Vikmath.

»Vielleicht hättest du solch ein Ehrenwort nicht geben dürfen«, erwog ich. »Wenn du dich aber wirklich gebunden fühlst – dann weiß ich nur einen einzigen Weg. Ich werde zur Kommission gehen und aussagen, daß ich genau so dem Verein angehört habe wie du.«

»Formalien, mein Lieber.«

»Auf das Wesen, auf die Absicht kommt es an. Meine Absicht war genau die gleiche wie die deine. Das wirst du doch wohl nicht in Abrede stellen? Daß ich noch kein volles Jahr dabei war – dieser Zufall soll mich herausreißen? Das mutest du mir zu, Vikmath? Ich will dir überhaupt einmal in aller Offenheit sagen: Ich habe es satt, immer der Bevorzugte zu sein. Ich will vor dir nichts voraushaben. Und deshalb melde ich mich morgen und zeige mich selbst an.«

»Hirnverbrannt!« näselte Hummel.

Vikmath war die Ruhe selbst. »Damit schadest du dir – und bringst mir keinen Nutzen. Ich bezweifle, daß es ein sinnvoller Schritt ist, den du da vorhast – vorausgesetzt, daß du ihn wirklich vorhast.«

Er zweifelte an mir.

Und ich selbst – zweifelte ich nicht ebenso an mir?

Würde ich morgen die Kraft haben, meinen tollen Plan kaltblütig zu verwirklichen? Würde ich meinen Eltern diesen Schmerz zufügen wollen, mich aus der geregelten Lebensbahn stürzen, in ein Abenteuer hineinschlittern, dessen Ende unabsehbar war? Allein irrte ich taumelnd nach der ergebnislos abgebrochenen Beratung durch die Prager Gassen. Und wenn ich aus Eigensinn, um mich vor mir selbst zu beweisen, diese Tat ausführte, eine Tat von unklarem Wert, die aber jedenfalls etwas Wahrhaftiges in sich hat – hatte ich denn richtig gehandelt? Wenn es mehr aus Eigensinn geschah, aus Angst vor der eignen Inkonsequenz – mehr als aus natürlichem Hochsinn, natürlichem Drang? Dann war ich ja doch nur verworfen, ich mitsamt meiner nur äußerlich gut erscheinenden, nicht aber durchgeführten Tat! In Gewissensqual konnte ich keine Ruhe finden. Hummel hatte sich längst heimwärts verzogen, geleitete mich nicht mehr auf labyrinthischem Pfad. Offenbar war er froh, sich unbemerkt von mir losgemacht zu haben – und Vikmath war gewiß wieder ruhig eingeschlafen. Nur ich wachte, auf den Stiegen des Karlsdenkmals sitzend, dem trüben Morgen entgegen, der kühl aus den Wolken blies. Das Moldauwehr rauschte laut und wehklagend. Ich bin also genauso wie Hummel in mein Ich eingesperrt, nicht um ein Haar besser als er. Nein, ärger als er. Denn ich Heuchler, ich habe ihm ja noch Moral gepredigt. Und drüben im Bahnhof, an der Mauer des uralten jüdischen Friedhofs mit seinen Holunderbäumen, drüben wartete der Tod auf mich. Er tanzt langsam, schrittweise, längs der grauen Mauer, Kastagnetten an den Skelettfingern und ein Glöckchen am rechten Handgelenk. Aber sein Gesicht ist fleischig, das Gesicht einer alten Frau, das mich anlacht, mit großen Poren im Kinn. Und diese freundliche Frau sagt, jedes Wort betonend: Wer in sein Ich eingesperrt ist, ist in seinen Tod eingesperrt, drüben wie hier . . .

Selten habe ich mich so unglücklich gefühlt wie an diesem Morgen, als ich mich fröstelnd von den Steinen erhob. Aber mein letzter Entschluß war doch, während mir Tränen über die Wangen strömten: Ich melde mich, ich zeige mich an. Mir war zumute, als sei meine Jugend zu Ende. Ich hatte in den fürchterlichsten Abgrund des Lebens hineingeblickt.

In derselben Nacht aber, in der wir uns mühten und ratlos waren, hatte die oberste Disziplinarkommission ihre letzte Sitzung abgehalten und das Urteil gefällt. Am Morgen wurde es in der Klasse verkündet. Es war glimpflicher ausgefallen, als irgendwer erwartet hatte. Die Klubmitglieder erhielten eine ernste Verwarnung nebst dem Bescheid, die Prager Gymnasien zu verlassen. In der Provinz konnten sie ihre Studien beenden. Darin lag wohl, der knapp bevorstehenden Maturitätsprüfung wegen, etwas recht Unangenehmes. Eine Katastrophe aber konnte es selbst von Pessimisten nicht genannt werden.

In tiefer Niedergeschlagenheit nahm ich von Vikmath Abschied.

Genau erinnere ich mich an eine Wendung aus unserem langen Schlußgespräch, das mit der ganzen tiefen Melancholie geführt wurde, deren die Achtzehnjährigen fähig sind. Und es rollte, wie so viele unserer Gespräche, während eines Spaziergangs in den Gassen der Kleinseite ab, zwischen den Barockpalästen des Hradschin, zu dem wir emporstiegen. Unten lagen im Dunst der roten Schindeldächer und ihrer Schornsteine die hundert Kirchtürme, die Gartenterrassen der Adelssitze, der Park des Wallensteinpalais, die Brücken – unser Blick, der unwillkürlich dem Moldaustrom in die Hügelfernen am Wyschehrad und darüber hinaus ins freie Land gefolgt war, eilte nun stromabwärts in den abendlichen Wirrwarr der engen alten Gäßchen zurück, wie um sich angstvoll zu ducken, gegen den Himmel abzuschließen. Was sollte uns der Himmel! Allzu oft hatten wir von hier aus seine schönen Goldwolken bewundert, die also doch nichts als Dekoration waren. Zu unserer Enttäuschung lösten sie sich wie alle irdische Schönheit ins Nichts auf.

Mit der Sicht auf diesen weiten Landschaftsraum (grausames Prag! Hatte nicht Wallenstein hundert Bürgerhäuser, ein ganzes Stadtviertel, niederreißen lassen, um seinen Palast und den Riesenpark zu begründen?), mit der Sicht auf all diesen Raum begann Vikmath etwa so: daß das Leben, wenn man es anfange, wie ein prächtiges Haus vor einem stehe. Plötzlich bemerke man, daß da oder dort etwas nicht stimme, ja unerklärlich und gleichsam falsch sei – ein groteskes Erlebnis, ein dummer Scherz zeige sich, den man von vornherein eigentlich nicht erwartet habe. Ja, es komme einem das und jenes an der Fassade des Lebenshauses völlig unsinnig vor. »Da sieht man mit einemmal da, wo ein Fenster sein sollte, ein Wagenrad. Oder ein Gartengitter. Oder eine Scheunentür. Oder ich weiß nicht was. Etwas, was gar nicht in die Fensterfront hineinpaßt. Eine lächerliche Ausnahme. Eine parodistische Einzelheit. Wenn man aber älter wird, merkt man dann allmählich: Das, was dir wie eine Parodie auf ein wohnliches Haus vorkommt, das ist gar nicht als Parodie gemeint. Es ist die Regel! So und nicht anders, mit dummen Attrappen an Fensterstelle, völlig absurd, komisch, dabei auch elend primitiv und einfallslos – schlechterdings stupid in seiner körperlichen Massivität, die der aufgewandten Mühe nicht wert ist –, so eben sieht das Lebenshaus aus; dies ist die *wirkliche* Form des Hauses, »Welt« genannt, und was du von einem ordentlichen, netten Haus mit einem traulichen Innenhof geträumt hast, nun, das hast du eben bloß geträumt.«

Ich habe dann Freud Viktor für eine Zeit aus dem Blick verloren. Er bestand in einem Gymnasium seiner engeren Heimat, wahrscheinlich in Karlsbad, die Matura. Ohne alle Schwierigkeit. Und so ist der Zwischenfall schließlich auch für ihn nicht gerade erschütternd ausgegangen.

Mit Frauen aber, so sagte man mir, hat er nie mehr etwas zu tun haben wollen. Er ist Junggeselle geblieben. Die ihm eigentümliche Konsequenz, die ihn auszeichnete, eine gewisse rauhe Tugend, dabei unter höflichster und bescheidenster Außenseite, machte sich vielleicht auch in dieser Richtung geltend. Einmal enttäuscht – für immer enttäuscht. Pièce touchée.

Dasselbe drückte sich noch in einem andern Faktum aus, über das ich im ersten Moment, als ich es erfuhr, doch eigentlich recht erstaunt war. Freud studierte klassische Philologie und war dann Lehramtskandidat an einer Mittelschule. Er hat gewissermaßen die Professoren so lang nachgemacht, bis er selbst Professor geworden ist. Auch hier: Pièce touchée. Man lege es sich übrigens zurecht, wie man mag. Ich war freilich erstaunt, wie gesagt, aber allmählich habe ich mich an diese schachgemäße Erklärung gewöhnt. Ob es nicht die Konsequenz zu weit treiben heißt, wenn man es macht wie Vikmath, das lasse ich dahingestellt.

Im Grunde ist die Sache vielleicht doch nicht gar so wunderlich, wie sie auf den ersten Blick ausschaut. Vikmaths ironische Skizzen nach dem lebenden Modell waren doch, genau genommen, immer mit so viel Liebe gemacht, so fein ausgearbeitet, daß man fühlen konnte: Dieser Mann nimmt unsere Lehrer, wiewohl nicht blind für ihre Lächerlichkeit, mit einer ganz besonderen Intensität ernst. Und von solch unkonventioneller, nichtschematischer Nachahmung zur Nachfolge ist wohl nur noch ein kleiner Schritt.

Allerdings soll er, so hörte ich aus Kreisen, die seinen Schülern nahestanden, in der Wirklichkeit seines Lehramtes weit weniger einem Ahála oder Proft als dem jungen Professor Kotyka geglichen haben, den alle Schüler so liebten. Einzelheiten darüber habe ich leider nie erfahren. Habe mich zu wenig um sie gekümmert.

Wohl aber wurde mir berichtet, daß er auch noch eine zweite Lehrtätigkeit, und zwar eine viel innerlichere, entfaltete – die im Verein jüdischer Hochschüler, »Bar Kochba«. In der Universität waren nämlich unsere Wege auseinandergegangen; wir sahen einander nicht, obwohl wir beide in Prag lebten. Ich war damals in die »Halle«, ins deutsche oder, richtiger gesagt, assimilatorische Lager gewandert, ganz gedankenlos, ohne mir über meine Zugehörigkeit viel den Kopf zu zerbrechen. Vikmath dagegen, mir auch hierin voranschreitend, hatte sich der Wahrheit zugekehrt, von der er wohl nie so weit entfernt gewesen war wie ich. Er erneuerte die Art der Väter in sich und verknüpfte sie mit der ewig-gegenwartsnahen Sehnsucht nach Gerechtigkeit. Er war, als ich ihn wieder sprach, zum erstenmal seit der Gymnasialzeit und bereits nach erlangtem Doktorat, immer noch der alte Vikmath, einfach, herzlich, schlagfertig und doch zurückhaltend, mit seiner Stimme von »leiser Heftigkeit«, eindringlich und dabei sanft – aber etwas Neues war in ihm zu Blüten aufgegangen. Die Treue, die schon immer sein Wesen ausgemacht hatte, erschien nun zielbewußt und lebensstark, war in einem großen Umkreis zur Wirklichkeit gelangt. Er hatte im Verein »Bar Kochba« eine Schar junger Menschen aller Semester um sich, denen er in seminarartiger Form die Grundsätze Theodor Herzls und Achad Haams darlegte. Nach philosophischer Freundesart diskutierte er mit ihnen, die Methode des Sokrates und des Platon verlebendigend, nebst der Lehrweise der ehrwürdigen Schule von Jawne. Und nicht nur dies: Er kümmerte sich um jeden einzelnen der jungen Leute, die, vom Land kommend wie einst er, in dem großen Prag vielleicht verloren gewesen wären – er war ihr väterlicher Berater. Er stand ihnen in ihren Nöten zur Seite, auch hierin nicht unwürdig des Grundsatzes der atheniensischen Akademie: »Den Freunden ist alles gemeinsam.« Und nicht nur die Studenten waren ihm anvertraut, er ging auch zu den Mittelschülern, sorgte dafür, daß sie sich nicht in der bizarren Romantik der Kneipen und »Blasen« verzettelten. Er wies sie auf den Pfad und stellte sie vor eine ungeheure Aufgabe: Erziehung für das ferne gelobte Land, für Zion und für adelige Menschlichkeit. Erziehung, um den Rest des jüdischen Volkes zu retten – damals noch einen beträchtlichen Rest im Vergleich zu dem, was nachher übriggeblieben ist.

Der Verein »Bar Kochba« stand damals auf der Höhe seiner nach allen Seiten, nach außen und innen ausgreifenden Tätigkeit.

Vikmath war übrigens auch in dieser Umgebung ganz er selbst geblieben. Er stellte, ähnlich wie in den Gymnasialjahren, wiederum den Typ des Fast-Vorzugsschülers dar. Zur ersten Garnitur der glänzenden Begabungen, an denen der Verein damals reich war, zählte er nicht. Von den geistvollen und leidenschaftlichen Seelen dieser ersten Reihe ist der und jener später ein Abtrünniger geworden, andere freilich sind aus der Geschichte der Bewegung nicht wegzudenken – über den stillen Vikmath, der schon in jungen Jahren etwas Altväterisches an sich hatte (etwas Altjüngferliches fast, möchte man sagen), war in der Öffentlichkeit nicht viel Redens. Die Eingeweihten freilich, die von seinem pädagogischen Wirken wußten und von den tiefen Kreisen, die es zog, hielten große Stücke auf ihn und hätten, wenn gefragt, den unscheinbaren, rastlosen Wegweiser der Jugend manchem effektvollen Volksredner, Sophisten oder brillanten Feuerwerker unserer eben ins Kraut schießenden Parteipublizistik vorgezogen.

Ich sage »unserer Publizistik«; denn ich war rasch gewonnen, sobald ich nur erst einiges von der neujüdischen Lehre und ihrem bis in den Wesenskern reichenden Ernst gehört hatte. Lange Jahre hindurch hatte mir niemand diese so einfache, so natürliche Weisheit nahegebracht – jetzt mischte ich mich mit ihr so gierig, wie sich zwei verwandte chemische Elemente brausend ineinanderstürzen.

Wie schon mehrmals, hatte Vikmath lange vor mir den entscheidenden Schritt gemacht; ich kam im weiten Abstand hinten nach. Dabei kann ich nicht etwa sagen, daß Vikmath auf meine glückliche Konversion (denn das war es, nicht weniger) bedeutenden Einfluß genommen hatte. Zu ihm kam ich als ein schon fertiger. Andere, vielleicht hervorragendere, jedenfalls explosivere Glaubensmeister und Verfechter der Ordensregeln, hatten die Arbeit an mir geleistet. Aber seine in sich ruhende Festigkeit, die gar keines äußeren Ausdrucks bedurfte, seine absolute Selbstlosigkeit und Reinheit bekräftigten mich um ein Erhebliches in dem bereits gefaßten Entschluß, im Zustand des neuen Lebens. Wie ein Wunder erschien es mir damals, daß das uralte Judentum immer noch so tüchtige Naturen wie unsern Vikmath erzeugte, unbestechliche und unverdorbene Menschen von gutem Schrot und Korn, die für den äußeren Schimmer keine Wertschätzung hegten, die mit Selbstverständlichkeit nur auf das Wesentliche in der Seele bedacht waren, das sich selbst belohnt.

So wie Vikmath in der Schule nur um des Wissens willen gelernt hatte, nicht um auf die Professoren Eindruck zu machen, so hatte er jetzt sein ganzes Leben eingerichtet, ohne Lärm, ohne Ostentation. In seinem sauber gebürsteten grauen Anzug, mit den offenen, freundlichen braunen Augen im feinen Gesicht, den hohen, weiten Brauenbogen unter der schöngewölbten

Stirn, immer blaß und still-geschäftig, immer ein wenig schrullig in seiner Sprechweise, doch in gutmütiger Ironie diese Schrulligkeit gleich selbst parodierend, so daß sie nie abstrus, nie zu »Verhaltenheit« verkrampft und unhuman wirkte – so tat er die Arbeit, die er freiwillig auf sich genommen hatte. Sie erfüllte ihn bis in die Fingerspitzen. Ich schloß in jenen Tagen zum zweitenmal Freundschaft mit ihm. Mehr als einmal dachte ich, da ich ihm von nun an oft begegnete, wenn auch immer nur flüchtig, bei Versammlungen, Sitzungen, Beratungen im engen Kreis: Ja, das ist es – ein Volk, das solch einen schlichten, still hingebungsvollen Vikmath unter seinen Söhnen hat, kann nicht untergehen. Und dabei war die Waage doch schon an der Kippe gewesen – und wenn alle Juden Prags nicht in den Schandpfuhl unseres Religionslehrers, des Rebbe Bloch, oder der versnobten Familie Hummel hinabgesunken sind, so kann eigentlich niemand den Grund angeben. Es ist uns Gnade widerfahren. Da dies aber geschehen, ist nun auch wieder ein Aufstieg möglich.

Ohne der Eitelkeit zu verfallen, kann ich wohl sagen, daß ich nicht gerade einer der Trägsten gewesen bin, wenn es von da ab galt, für mein Volk einzustehen. Aber der eisernen Unbeirrbarkeit und ausschließlichen Konzentration auf das eine, gerade dessen also, was Vikmath auszeichnete, kann ich mich nicht rühmen. Wie oft ich, auch nach der »Konversion« noch, mich verlaufen habe, das weiß niemand besser als ich. Daß ich mich schließlich aus all den Labyrinthen doch noch herausgefitzt habe, erscheint mir manchmal wie ein unverdientes Glück, das im Traum auf einen herabregnet und das dann – man reibt sich die Augen – auch bei Morgengrauen nicht weicht.

War es denn nicht unverdient, daß es mir möglich war, auf anderen Gebieten einige Ehre zu erringen und dann mit dem Gewicht meines Namens dem bedrängten Volke zu Hilfe zu kommen? Vikmath blieb namenlos. Ja, mit der Unparteilichkeit des Geschichtsschreibers muß ich hier feststellen, wiewohl es nicht ohne einige Beschämung geschieht: Ich wurde ein Star der Bewegung, wiederum ein »Vorzugsschüler«, weit überstrahlte ich den getreuen, redlichen Vikmath, der doch lange vor mir die richtige Entscheidung gefaßt hatte. Seine nie aussetzende Arbeit war vielleicht wichtiger als die meine, wurde aber weit weniger bemerkt.

Nach den Kandidatenjahren verschwand er wieder in die deutschböhmische Provinz; schließlich leitete er das Gymnasium in Eger. *Direktor* Freud! Gewiß kein zweiter Raxenhofer. Im Amt ein Mensch, den auch die politischen Gegner in jenem deutsch radikalisierten, durch und durch antisemitisch angesteckten Landzipfel achteten. Nicht ohne Grund hatte die tschechoslowakische Regierung einen im Sinne des Staates verläßlichen Mann an die Spitze des dortigen Unterrichtswesens gestellt, ihn selbst in eine wenig beneidenswerte zweideutige Lage gebracht, die er nun mit Takt und Umsicht, ein Jude unter Stammesgegnern, zu handhaben hatte. Eine überschwere Aufgabe, die seine ohnehin zarten Nerven benagte. Und im Privatleben blieb er dabei weiterhin der nie erlahmende Organisator, der nun den »nordwestböhmischen Distrikt« neu aufbaute, der überdies mit den jungen und jüngsten Jahrgängen des »Bar Kochba« weiter im innigsten Kontakt blieb, brieflich und durch häufige Besuche. Gegen seine jüdischen Mitbürger in Eger war er streng. Wehe, wenn einer in der Ortsgruppe nicht gründlich genug Hebräisch lernte, nicht im Verhältnis zu seinem Einkommen, ja darüber hinaus zu den Fonds beitrug. Freud kannte jeden einzelnen, sprach jedem ins Gewissen – und da er alles andere war als ein gewöhnlicher Moralpauker, der selbst auskneift, nur von andern Opfer verlangt, da er sich selbst am strengsten hernahm, schlug seine naive, geradezu kindliche Aufrichtigkeit selbst dem verstocktesten Sünder wie eine reine weiße Flamme ins Herz. Er läuterte apostelhaft den Klüngel kleiner Geschäftsleute, mittelständischer Advokaten und Ärzte – unter seiner Leitung wuchsen sie, und es kam, unter Mitwirkung von gleichgesinnten Freunden, die paradoxe Tatsache zustande, daß gerade in dieser allseitig von Nazideutschland umgebenen Landzunge die innerlich reifste, äußerlich tätigste Gruppe der Bewegung, die Mustergruppe, sich ausbreiten konnte. Vikmaths nie aussetzendes Pädagogisieren hatte wieder einmal gute Früchte gezeitigt.

Kam ich auf seine Einladung zu einem Vortrag nach Eger, so gab er mir Bericht. Ein wenig pedantisch dozierend, was ihm aber freundlich zu Gesicht stand, führte er mich in seine täglichen Sorgen ein. Er war nie zufrieden mit dem, was geleistet wurde – wie, wir wollen Zion aufbauen, und man spart an Hellern, an Arbeitsstunden. Nein, mit dieser Gleichgültigkeit werden wir nie ans Ziel kommen! »Aufrütteln muß man die Leute. In die Ohren schreien muß man es jedem. Jetzt oder nie. Die Stunde ist da!« Nun kam der jähzornige Vikmath zum Vorschein, derselbe, der die schöne »Dorette« gleich beim Eintritt in die Klasse geohrfeigt hatte. Er lief rot an, riß am Knopf seines Winterrocks. Da war Herr Glasner, ein hartnäckiger Widersacher. Ein Haus am Marktplatz besaß er. »Meinst du, er würde je mehr als tausend Kronen für den Nationalfonds hergeben? Er lacht mich nur aus, wenn ich zu ihm komme und mehr fordere. Ich habe ihm bewiesen, daß ihm und seinen Kindern nichts von dem Hause bleiben wird, daß Europa in unheilvoller Gärung ist, daß ein Orangengarten bei Nathania hundertemal sicherer für ihn wäre als seine drei Textilfabriken hier. Was tut er? Er droht mit Austritt aus der Kultusgemeinde, wenn ich ihn nicht in Ruhe lasse.«

Ich muß gestehen, daß es mir nicht immer ganz leicht wurde, mich von meinem Prager Umblick her auf seine Enge einzustellen. Aber nach einer viertel, halben Stunde hatte er mich. Mein Puls schlug in seinem Rhythmus, meine Hand zog an seinem Strang. Und vor Gottes Thron allein wird es einmal offenbar werden, wer mehr ist: der, welcher die Gaben seiner Seele verschwendet, oder der, welcher die kärglichen Fähigkeiten, die ihm zugefallen sind, mit Weisheit bildet und auf ein einziges edles Ziel hin wachsam zusammenhält. Und dann schämte ich mich vor Vikmath.

Er sprach mit einer gewissen Trockenheit, hatte provinzielle Manieren angenommen, zum Beispiel eine gewisse Art, bei sorgsam ausgesprochenen Worten lächelnd sich die Hände zu reiben. An ihm machte es sich aber nicht schlecht.

Gott segne ihn, sagte ich mir, unhörbar. Und sollte einmal das Ziel erreicht werden, das jetzt so ferne vor uns liegt, so gib, daß er mit dabei ist! Denn von den vielen tausend unverdrossenen Arbeitern der Bewegung, von denen niemand außer ihrer unmittelbaren Umgebung weiß: von ihnen, den Unscheinbaren, Demütigen und Ausharrenden, von ihnen ist das Königreich gebaut worden. Und so mögen sie auch ihren Teil daran haben, und an der Freude, die kommen wird.

Vor dem Pachelbelschen Hause, in dem einst Wallenstein ermordet worden ist, sah ich ihm damals lange ins Gesicht, so als sähe ich ihn, aus einem Traum erwachend, zum erstenmal. Der kriegerische Nachhall des großen Namens löste vielleicht in mir eine besondere hellsichtige Stimmung aus. »Viktor Mathias Freud«, sagte ich zu ihm, »deine beiden Namen bedeuten eigentlich dasselbe. Mathias ist Matatjahu, der Vater der Makkabäer. Viktor heißt ›Sieger‹. Mathias war Sieger und der Vater von Siegern.«

»Wahrscheinlich hat mein frommer Vater so etwas Ähnliches im Sinne gehabt«, sagte Vikmath ohne merkliche Regung, ja mit überraschender Sachlichkeit, und kam wieder auf den widerspenstigen Herrn Glasner zurück. »Was meinst du, wie der Kerl mich aufregt?« fuhr er mich an, so daß ich mich in diesem Augenblick fast mitschuldig fühlte. »Wenn ich diesen fetten Bürger bloß von weitem sehe, mit seinem ewigen Lächeln, seinen Backentaschen, mit der großen Brillantnadel in der Krawatte – gleich steigt mir der Klotz hoch. Neulich, als er wieder einmal mit seinen öligen Ausreden vom Rückgang der Konjunktur und dergleichen kam, habe ich mich nicht halten können. ›Solange Hundeschweine wie Sie ungepeitscht unter uns herumlaufen‹, habe ich ihm gesagt, ›solange kann die Erlösung für Israel nicht kommen.‹ Und weißt du, was er darauf geantwortet hatte?«

»Er wird dich auf Ehrenbeleidigung klagen.«

»Das traut er sich denn doch nicht. ›Wenn Sie mich insultieren‹, hat er gesagt, ›so werde ich auch den Schekel nicht mehr zahlen.‹ – Das ist doch . . . das ist doch . . .«, Vikmath schnappte, riß die Augen auf, lief rot an, ». . . das ist doch geradezu niederträchtig . . .«, und plötzlich, in Erinnerungslust, die ganze Stimmung parodistisch wechselnd, stieß er die Hand gegen mich vor, die Handfläche aufwärts und die Finger gespreizt, den bekannten Ertappungs- und Überraschungseffekt mimend: »Das ist doch . . . geradezu Ahaaala.«

Wir drückten einander die Hand. Wir verstanden einander. Es war, mitten auf dem Egerer Marktplatz, ein plötzliches geheimes Zueinanderfinden – im Klang, im Akzent einer Jugenderinnerung, die unerwartet hereinbricht und vorüberhuscht. Gewiß, es war nicht gerade viel Sinn und Inhalt in dieser Erinnerung. Aber was lag daran – sie war eben, diese Erinnerung, in einem Bezirk beheimatet, zu dem Inhalt und Sinn keinen Zugang haben. Wohl aber haben Klänge, Töne diesen Zugang und ein Geruch, ein Bewegungsbild, der Schatten, den das Einst ewig und unverrückbar ins Jetzt wirft; sie finden manchmal, zu seltsamer Stunde, den Weg.

Meine Bewunderung für Vikmath hinderte mich indes nicht, einmal eine schöne Prager Frau einzuladen, die Fahrt nach Eger mit mir zu machen. Ich kann leider nicht umhin, mich dieser Schwäche, dieser Untreue an der Ausschließlichkeit des Volksideals anzuklagen. Es schien mir damals in vielleicht allzu häßlicher Auffassung, nicht unerlaubt, zweien Herren gleichzeitig zu dienen, wenn sie einander nicht geradezu widersprachen. Das Volk würde nicht schlechter dabei fahren, dachte ich, und der Herr der Liebe schien diesen Dienst geradezu zu gebieten. Denn mit meiner Angebeteten in Prag unbeobachtet zusammenzukommen, war aus verschiedenen Gründen fast unmöglich. So stellte Vikmaths Einladung einen guten Ausweg dar. Ich erwog: In Eger kommen wir um drei Uhr nachmittags mit dem Schnellzug an, gehen ins Hotel – der Vortrag beginnt nicht vor halb neun. Da sind wir endlich einmal ungestört. Ja, aber Vikmath wird mich am Bahnhof erwarten, wie er es immer tut. In meiner Nichtsnutzigkeit fand ich auch da einen Rat: wir würden in Pilsen in den Personenzug umsteigen, der freilich erst um fünf Uhr nachmittags in Eger ankommt. Aber auch dann bleibt noch etliche Zeit, wenn auch nicht viel. Nun, das Leben hält uns eben knapp.

Der Plan wird ausgeführt. Doch wie wir in Eger um fünf Uhr aussteigen, in der Hoffnung, nun endlich einmal allein zu bleiben: da ist es der gute Vikmath, der auf dem Bahnsteig steht und mich in festlicher Laune begrüßt. Er stehe seit drei Uhr da – habe aber gleich, als ich nicht erschien, gewußt und sei dessen sicher gewesen, daß ich mit einem späteren Zug kommen würde. »Und ich wäre bis zum Abend hier gestanden. Ich wußte, daß du uns nicht im Stiche läßt.« So blieb nichts übrig, als die gnädige Frau lügenhafterweise als Reisebekanntschaft vorzustellen und bis zum Hotel zu begleiten, selbst aber mit Vikmath im Café zu sitzen. Der alte Glasner hatte noch immer nicht seine Nationalfondsspende erhöht; man kann sich denken, mit wieviel Anteil ich diese erschütternde Nachricht entgegennahm.

Aber auch damals siegte schließlich die leuchtende Klarheit einer Seele, die ihren Weg fanatisch zu Ende ging. Die Pièce-touchée-Seele Vikmaths beugte mein zwiespältiges und laues, nicht gerade schlechtes, aber auch nicht schlackenloses Herz in die Knie. Ja, ich kniete vor ihm, ohne daß er es merkte. Und das Seltsame dabei, wie immer zwischen uns: Er war es, der zu mir aufschaute, der in mir etwas Verehrungswürdiges, einen Vorkämpfer erblickte. Er hatte mich in die Bewegung eingeführt, gut, aber ich war – so sah er es – weit über ihn hinausgestiegen. Nicht etwa in Worten, aber in seiner ganzen Haltung, in der Art, wie er mich respektvoll als »berühmten Gast« behandelte, lag das ausgedrückt. Hätte ich die allzu gute Meinung, die er von mir hatte, zerstreuen sollen? Es wäre ohnehin nicht geglückt. Seine echte Bescheidenheit hätte es nicht begriffen.

So hatte ich nichts als ein Gebet auf den stummen Lippen, Gott möge mich doch der hohen Wertschätzung, die ich bei Vikmath genoß, allmählich würdiger machen. ›Wie weit, wie weit bin ich von seiner Unschuld entfernt!‹ Mit einemmal war es dieser büßende Gedanke allein, der mich bewegte, und ich nahm es nicht allzu schwer, daß ich das Zimmer der schönen Frau leer fand, als ich sie zum Vortrag abholen wollte. Sie war bereits nach Prag zurückgereist, und ich habe sie nicht mehr wiedergesehen.

Im Herbst 1938 besetzte Hitler das Sudetenland. Gerade in Eger begann der Höllenspuk. Vikmath war rechtzeitig evakuiert worden. Nun ging er in Prag herum, ohne Posten. Die tschechische Regierung, die ihn ein halbes Leben lang für ihre Zwecke mißbraucht hatte, zeigte nicht übel Lust, ihn nach Eger zurückzuschicken – ihn und analogerweise die andern Juden aus den Randgebieten, die flüchtend in Prag zusammenströmten, das doch als ihre Hauptstadt zu betrachten auch sie gelehrt worden waren. Aber plötzlich waren sie Fremde, waren ins deutsche Gebiet »abzuschieben«, also in den sicheren Tod. Ein Teil der tschechischen Rechtspresse verlangte es. Wir hatten unsere Mühe mit Interventionen für die Unglücklichen. Die Behörden, die damals ihren menschlichen Kern doch noch einigermaßen unversehrt bewahrt hatten, brachten schließlich Verständnis auf.

Indes ging Freud nicht etwa müßig und auch nicht nervös, nicht etwa als gehetztes Wild herum. Ein Kreis sammelte sich um ihn. In einer Privatwohnung fanden regelmäßig Vorträge der Freunde, Diskussionen statt. Hier hörte ich ihn zum letztenmal. Er sprach anläßlich eines Festtags über »Frieden und Krieg«, sprach energisch, wie immer ein wenig trocken, einzelnes hob er sorgfältig heraus, wobei er sich langsam im Halbkreis umblickte wie von einem Katheder aus und lächelnd, mit sachten Bewegungen sich die Hände rieb. Er sprach fließend hebräisch. Wieder staunte ich, wie weit er mir voraus war, um wie viel gründlicher als ich. Im deutschen Teil des Vortrags ging er dann wieder seinen geliebten philologischen Pfad. »Frieden – im Deutschen kommt das Wort von ›einfrieden‹, sich und sein Eigentum absondern, ein einzelner sein; im Hebräischen hängt das Wort schalóm mit schalém zusammen, was wieder etwas mit Ganzheit, Gemeinschaft und ebenso wie das stammverwandte arabische ›Islam‹ mit Vollkommenheit zu tun hat.«

Für die Palästinawanderung der vielen Tausenden,

ja Zehntausenden von Prager Zionisten hatte die großmütige englische Regierung damals genau zehn Einwanderungserlaubnisse oder Zertifikate bereitgestellt, nicht mehr und nicht weniger. Sie hätte alle retten können. Sie wußte, daß die Deutschen sich zum Einmarsch in Prag rüsteten, wußte, daß jeder Jude, der zurückblieb, verloren war. Sie machte auch einige schwache Rettungsansätze und brachte noch manch einzelnen in letzter Minute in Sicherheit. Im ganzen aber zog sie es vor, den überwiegenden Rest der jahrhundertealten Gemeinde Prag an Hitlers Schlachtmesser zu liefern.

Für die Juden aus dem Sudetengebiet gab es eine größere Anzahl von Zertifikaten. Aber ein Gestrüpp von Bedingungen, Quoten, Altersgrenzen, Kapitalbesitz usw. umgab das Rettungstor. Vikmath war einer der Zahlreichen, die sich in diesem Gestrüpp verfingen. Er genügte den Bedingungen nicht. Er mußte bleiben. Hätte es einer mehr verdient als er, den Boden des Heiligen Landes zu betreten? Mir aber spielte das gnädige Geschick eines der für Prager bestimmten zehn Zertifikate zu.

Ich habe dann noch einiges über Vikmath in Erfahrung gebracht. Wie der Großteil der böhmischen Juden kam er nach Theresienstadt. Die erschütternde Einförmigkeit, mit der in dieser Stadt alle die so verschiedenartigen Schicksale, die Lebensabschlüsse ehrwürdiger Mütter, sorgenvoller Väter, die Kapitel begabter und mißratener Kinder, unglücklicher, an den seltsamsten Diffizilitäten leidender Ehen und die biederer Durchschnittler, die Lose kaum erwachter Künstler, die mit ihren ersten Problemen rangen, und die abgelebter oder rüpelhaft unbekümmerter Geschäftsleute mit ihren dicken Brillantkrawattennadeln, die Schicksale von Weltweisen und Toren, Verbrechern und liebreich erglühenden Menschenfreunden: die Einförmigkeit, mit der alle diese Lebensläufe in denselben Topf gepreßt wurden, wird noch in fernsten Zeiten in ihrem Grauen nicht auszuschöpfen sein. Man hält das Ganze einfach nicht für möglich. Deshalb kann man es sich im einzelnen nicht vorstellen. So vielartiger Stoff – und alles paßt in die gleiche Form, nimmt den gleichen Ausgang: Auschwitz. Auschwitz und Asche. In alle Winde. Der Akt ist skartiert. Einer wie der andere, alle denselben Weg des Einstampfens. Kein Grab. Keine Spur. Es geht. Man muß nur die Stirn haben, es zu probieren. Es scheint unmöglich – aber siehe da, es geht ganz leicht! Niemand in der Welt hat ernstlich daran gedacht, es zu verhindern. In alle Winde – Asche und Staub. Und vergessen hat man es auch schon.

In Theresienstadt leitete Vikmath zum letztenmal einen Zirkel. Er veranstaltete in der »Magdeburger Kaserne« einen Zyklus, in dem täglich eine Stunde lang die schönsten Kapitel aus seinem verehrten Livius gelesen und interpretiert wurden. Eine kleine Menscheninsel freute sich an den streng methodischen Lateinstudien; man schöpfte Würde und Erhebung aus dieser Arbeit. Hinter der Kaserne, wenige Meter entfernt, dampften die Lokomotiven, die die Züge regelmäßig nach Auschwitz brachten – vorn ging die Lektüre unerschütterlich weiter. Man glaubt es nicht. Aber zwei, die es überlebt haben, haben mir die Kunde gebracht. Auch von Freuds Abschied haben sie erzählt. »Es kann mir nicht viel geschehen – ich habe meine Bibel und Goethes Gedichte in der Tasche.« Dann trat er die Reise an.

Er wird nicht zurückkommen.

Und hierher?

Ich gehe immer noch, leicht kälteklappernd, vor meiner alten Häusergruppe auf und ab. Dunkel blicken die Traumhäuser auf mich. Ich weiß aber schon seit geraumer Zeit, verhehle es mir nicht, daß mein Erinnerungsgewebe nicht in Ordnung ist. Das Ende paßt nicht zu seinem Anfang.

Zuerst machte sich das irgendwie als eine peinliche Störung, als eine Art Umkippen des Gleichgewichts geltend. Und immer stärker wurde diese Vibration, gegen die ich allerlei Beschwörungsformeln aussprach, wie: »Unsinn! Teufelsspuk! Laßt mich in Frieden, Gespenster! Laßt mir, was ich doch klaren Auges gesehen habe! Vikmath *ist* gekommen. Ist in Tel-Aviv. Zur rechten Zeit ist er gekommen. Er muß doch mit dabei sein, wenn unser Staat, sein Staat entsteht.«

Ich heftete meinen Blick auf die Gartenpforte, durch die er verschwunden war. Hier, diese Türe wird er öffnen, wenn er aus dem Hause herauskommt. Mit seiner »Theke«, auch »Handschrift« genannt. Warte ich nun vielleicht schon eine Stunde lang, so will ich auch noch die kleine Viertelstunde zugeben.

Aber dann bemerkte ich, daß die Gartenmauer gar keine Tür besaß. Sie war glatt wie ein Stück Papier. Wie hatte mir nur das entgehen können! Gerade waren meine Erinnerungen dabei, Vikmath nach Theresienstadt zu begleiten: da gab es mir einen Ruck, und die Türe, die ich doch vorher so genau gesehen hatte, war nicht mehr da. Und da wußte ich es also. Müde vor Traurigkeit stand ich noch eine Weile vor den seltsamen Häusern, im Nebel, im Seewind. Es war schon ganz dunkel.

Ich sah mich um; es raschelte in den Bäumen, als käme jemand des Weges.

Und dann habe ich mich zusammengerafft und bin langsam nach Hause gegangen.